I Am: Positive Affirmations Coloring Book for Black Girls

by

Chloe Nallis

Published by Renuti®

Test Color Page

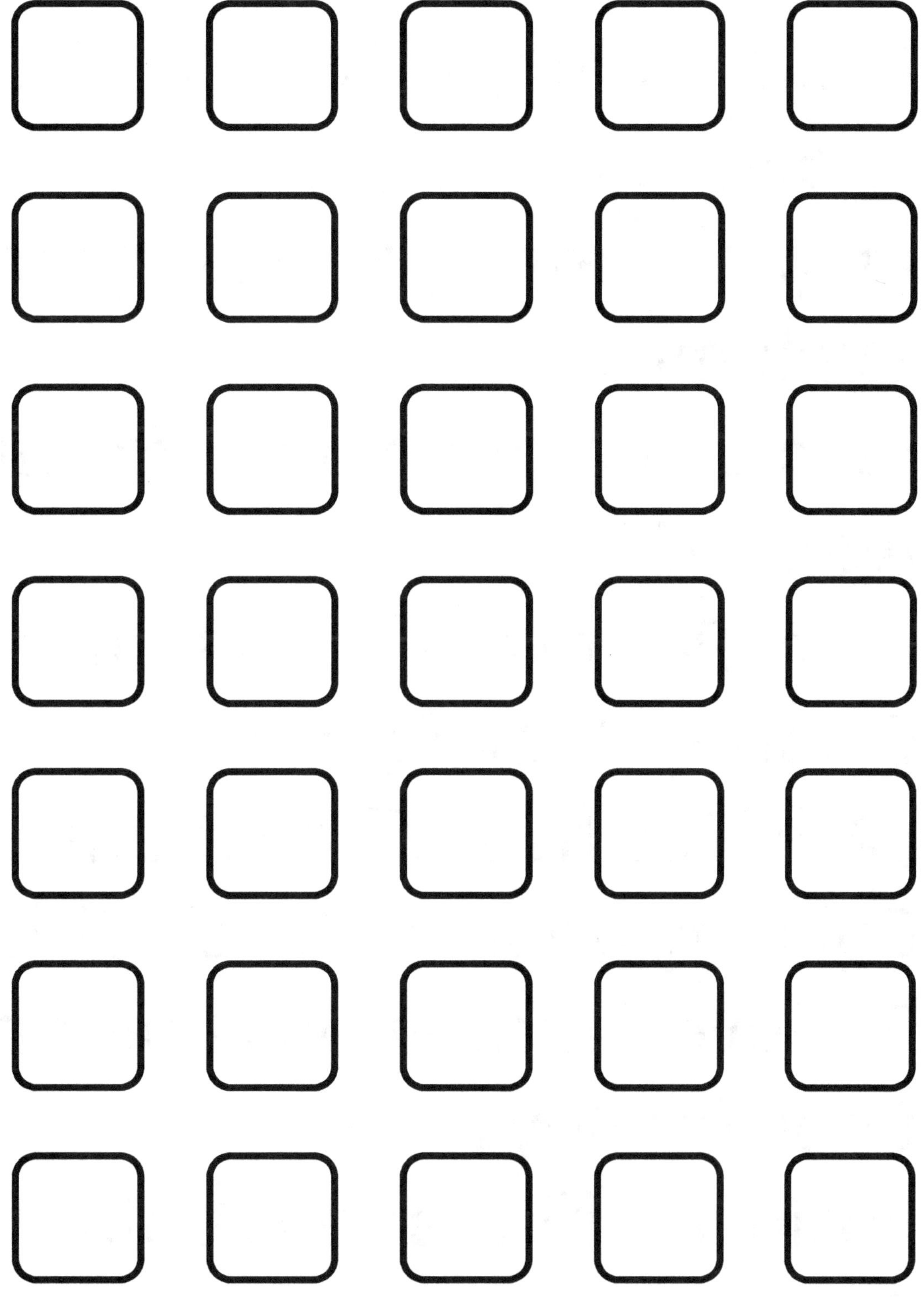

Coloring Books by Chloe Nallis

- Anime Coloring Book for Teens - Volume 1
- Anime Coloring Book for Teens - Volume 2
- Anime Coloring Book for Teens - Volume 3
- Fashion Coloring Book for Girls Ages 8-12
- I Am: Positive Affirmations Coloring Book for Girls
- I Am: Positive Affirmations Coloring Book for Black Girls
- Positive Affirmations Coloring Book for Boys
- Positive Affirmations Coloring Book for Girls

THIS BOOK BELONGS TO

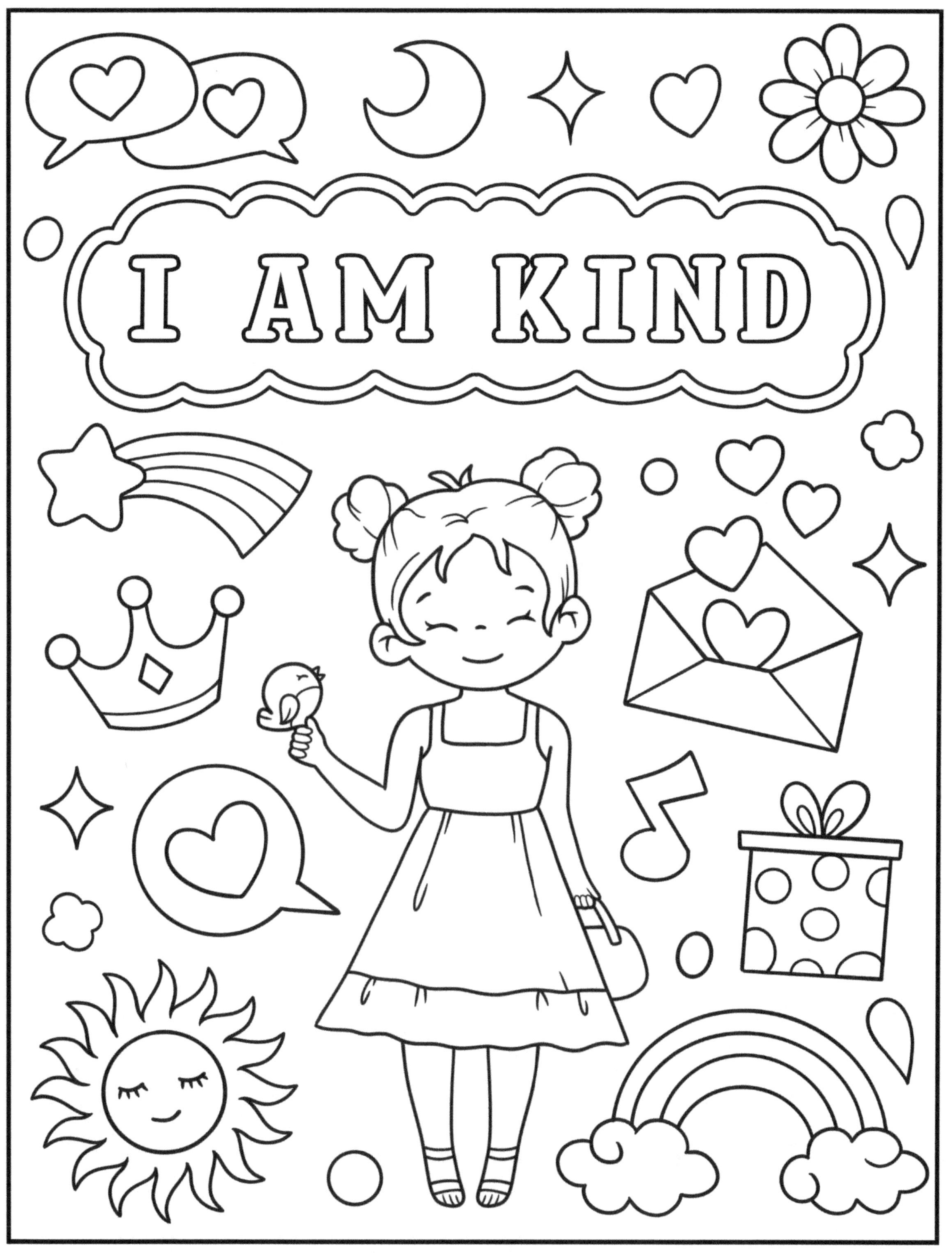
I AM KIND

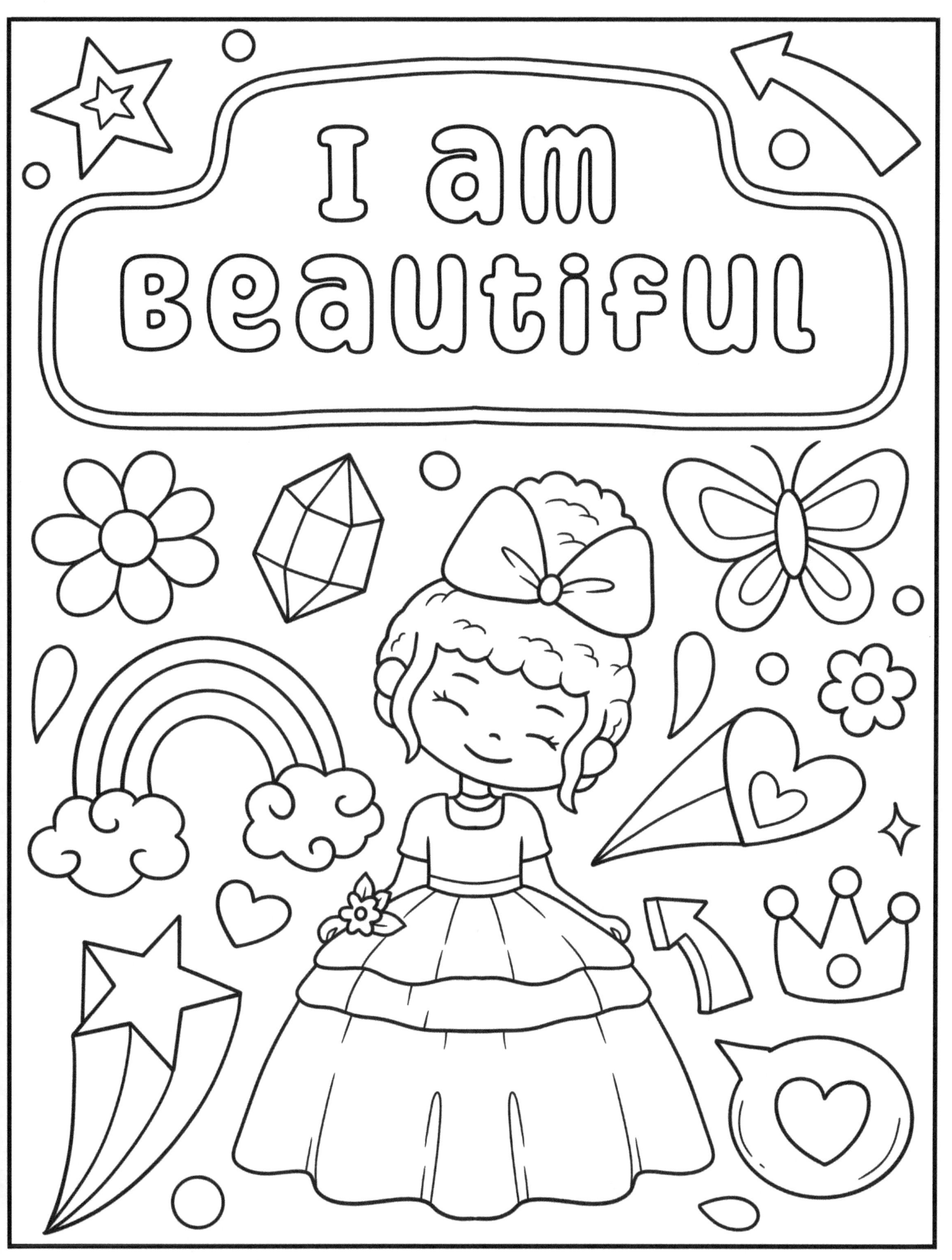
I am
Beautiful

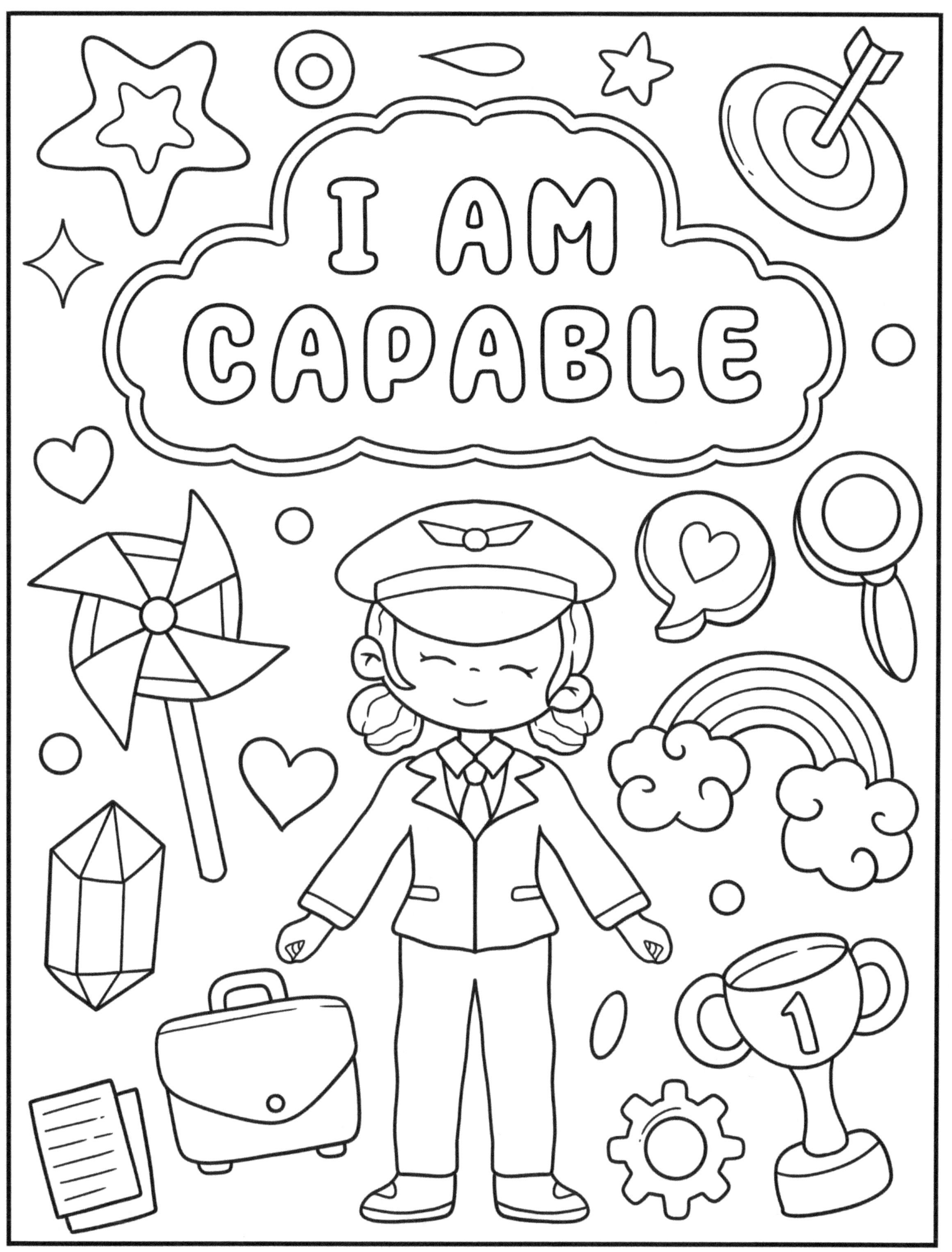
I AM
CAPABLE
1

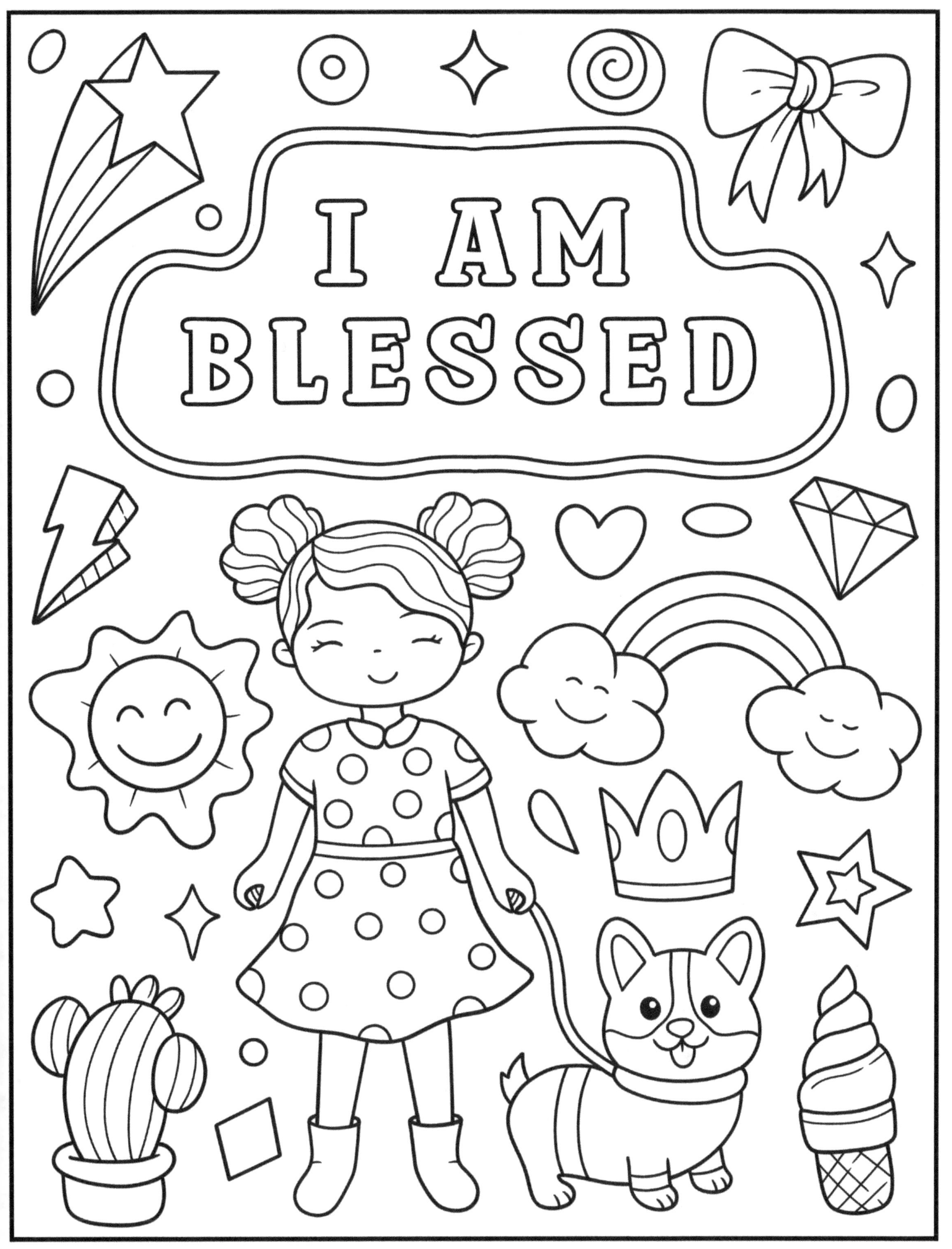
I AM
BLESSED

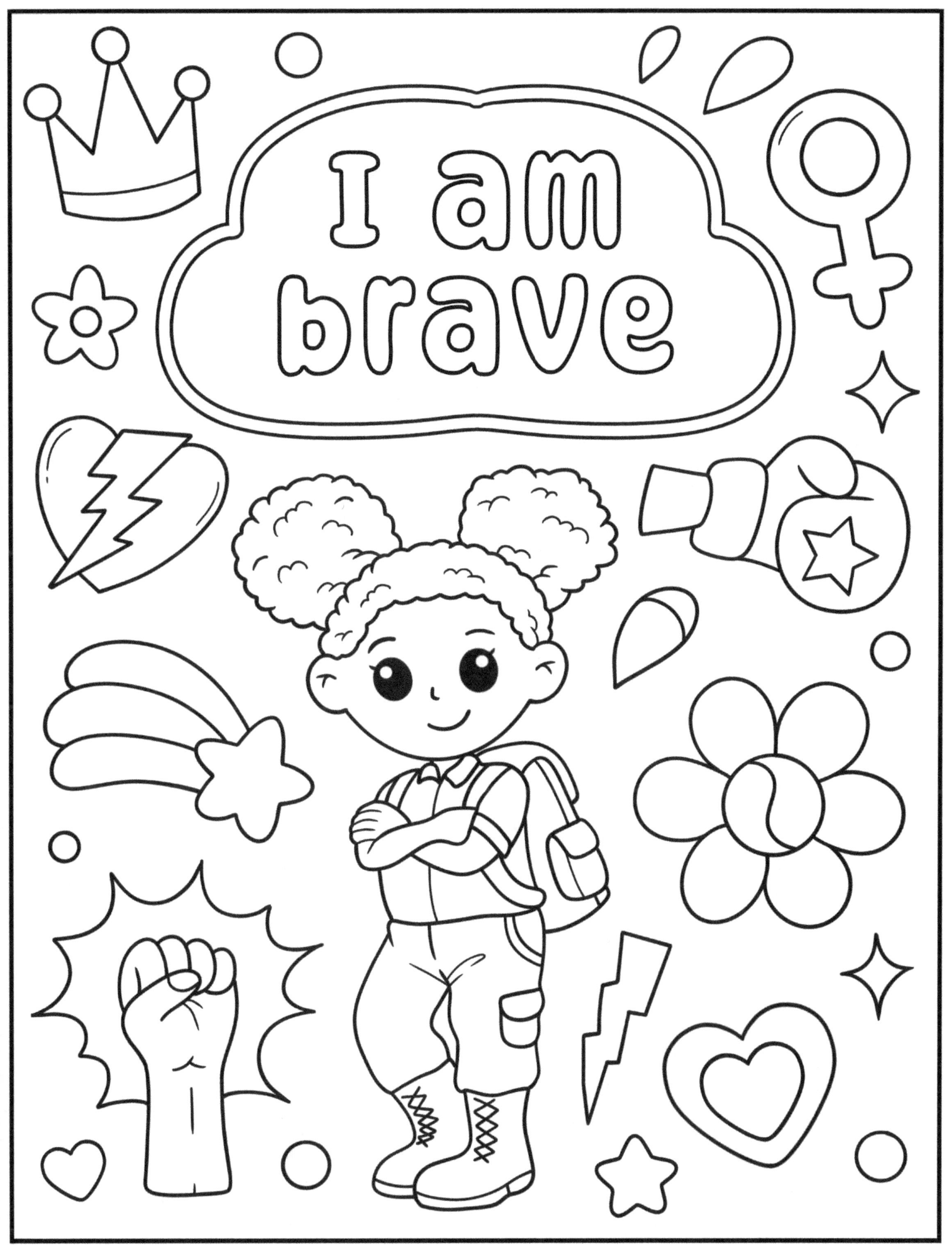
I am
brave

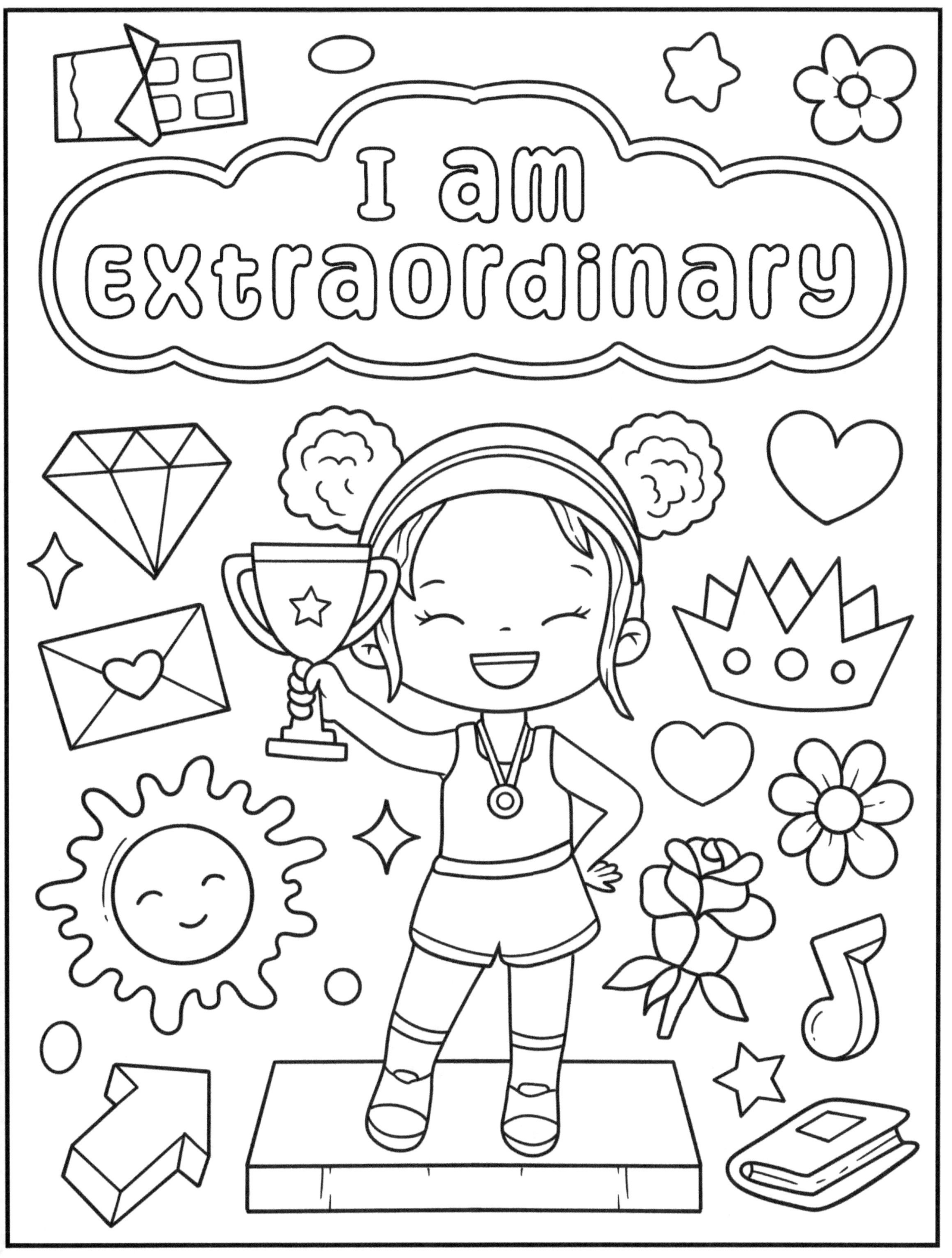
I am
extraordinary

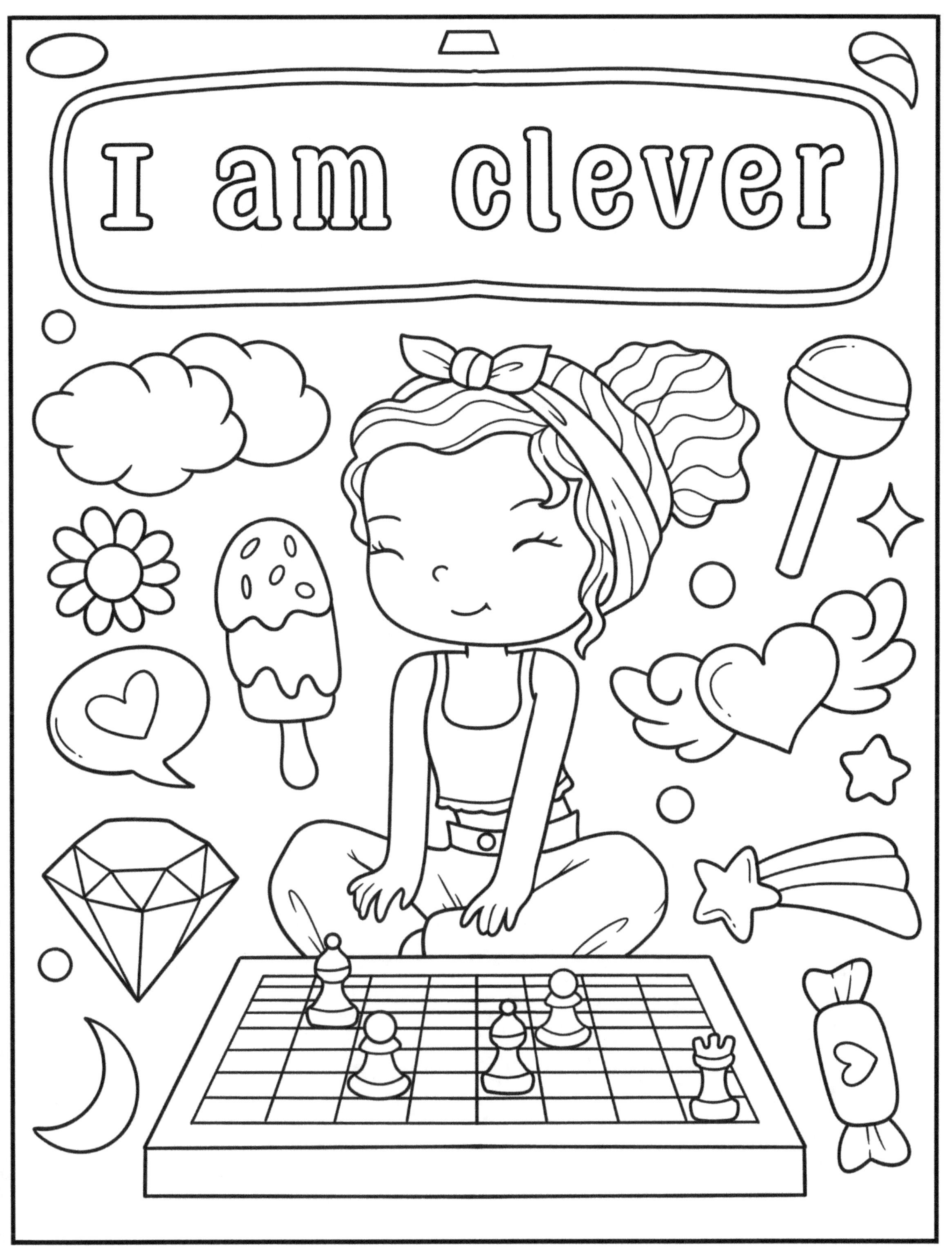
I am clever

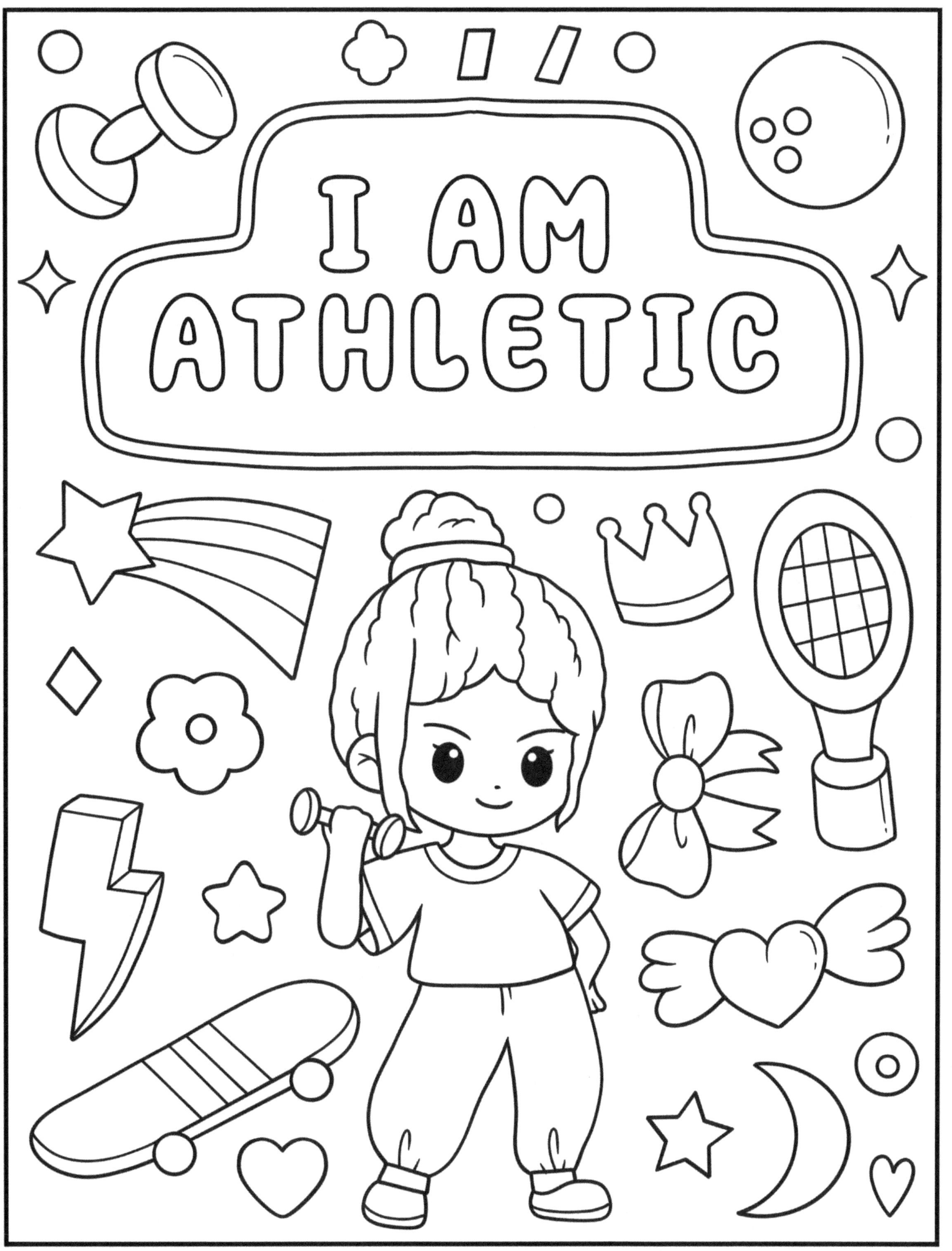
I AM
ATHLETIC

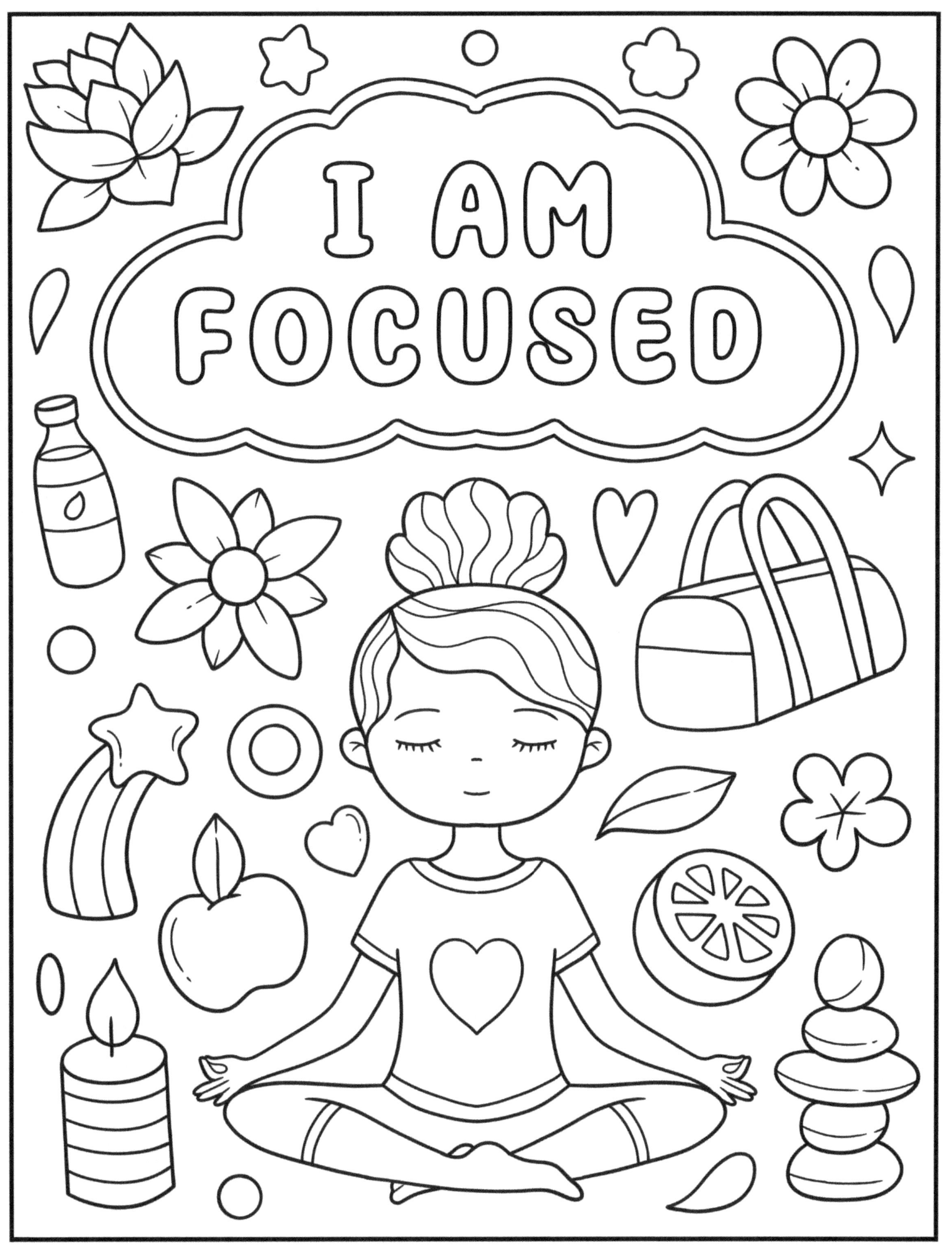
I AM
FOCUSED

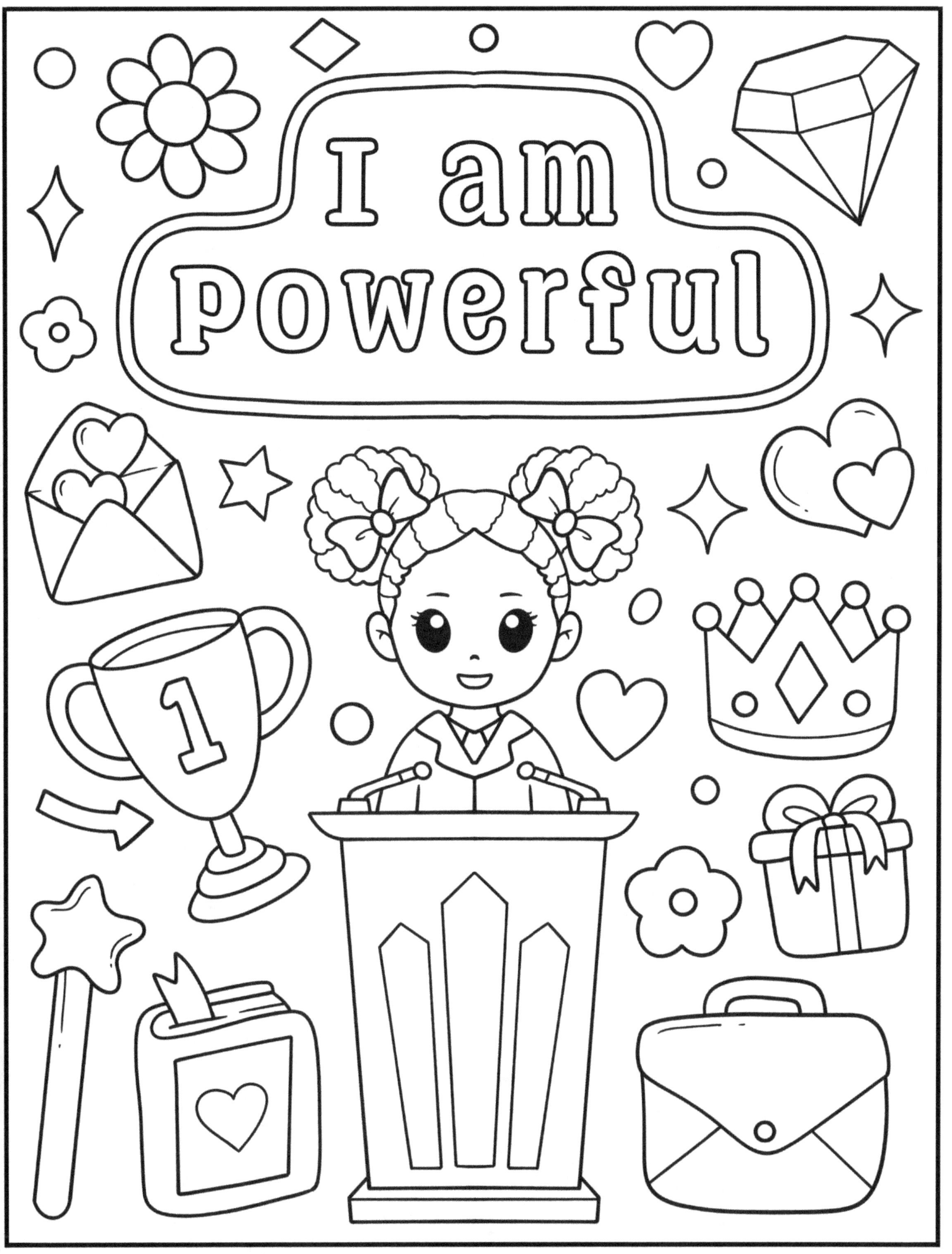
I am
powerful
1

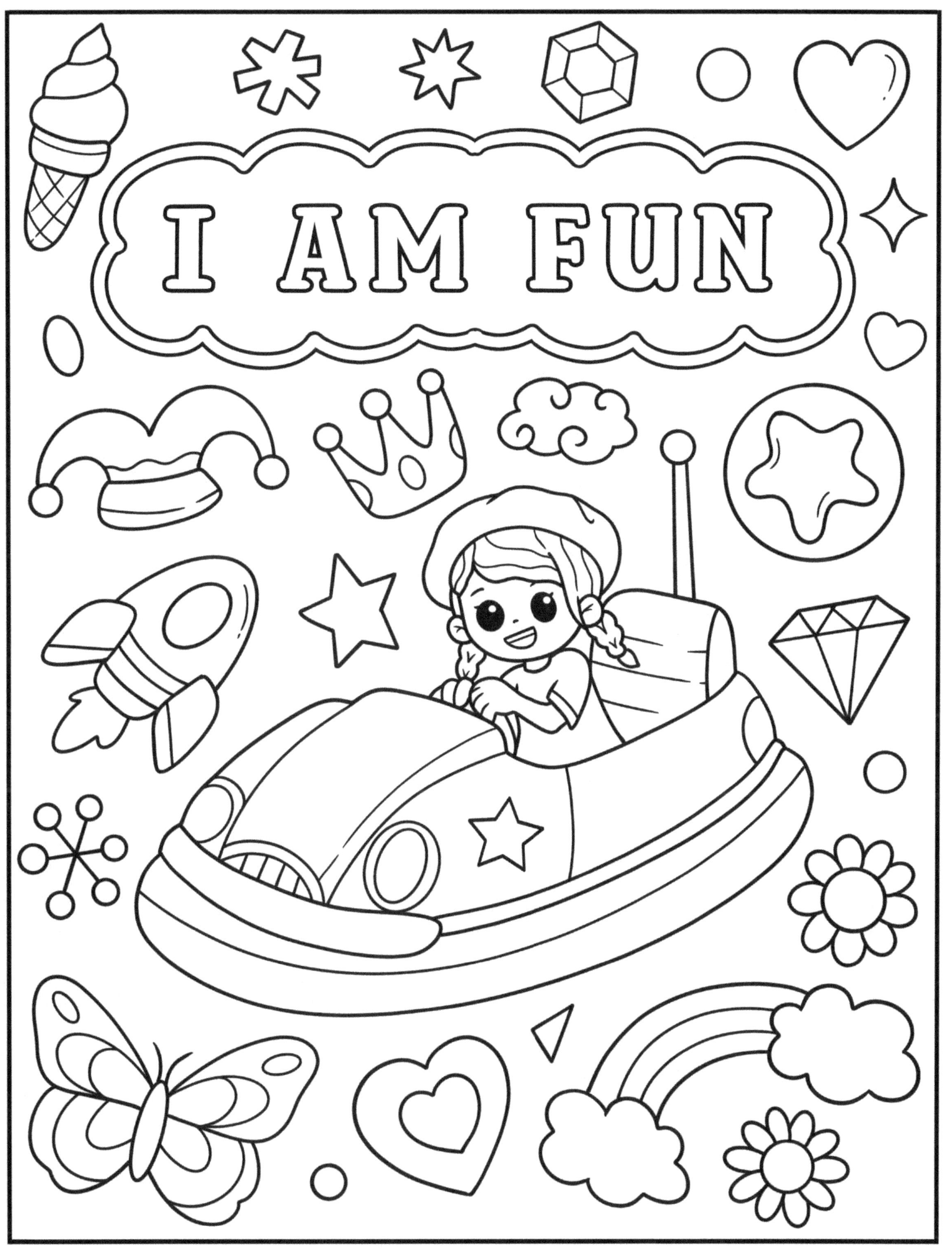
I AM FUN

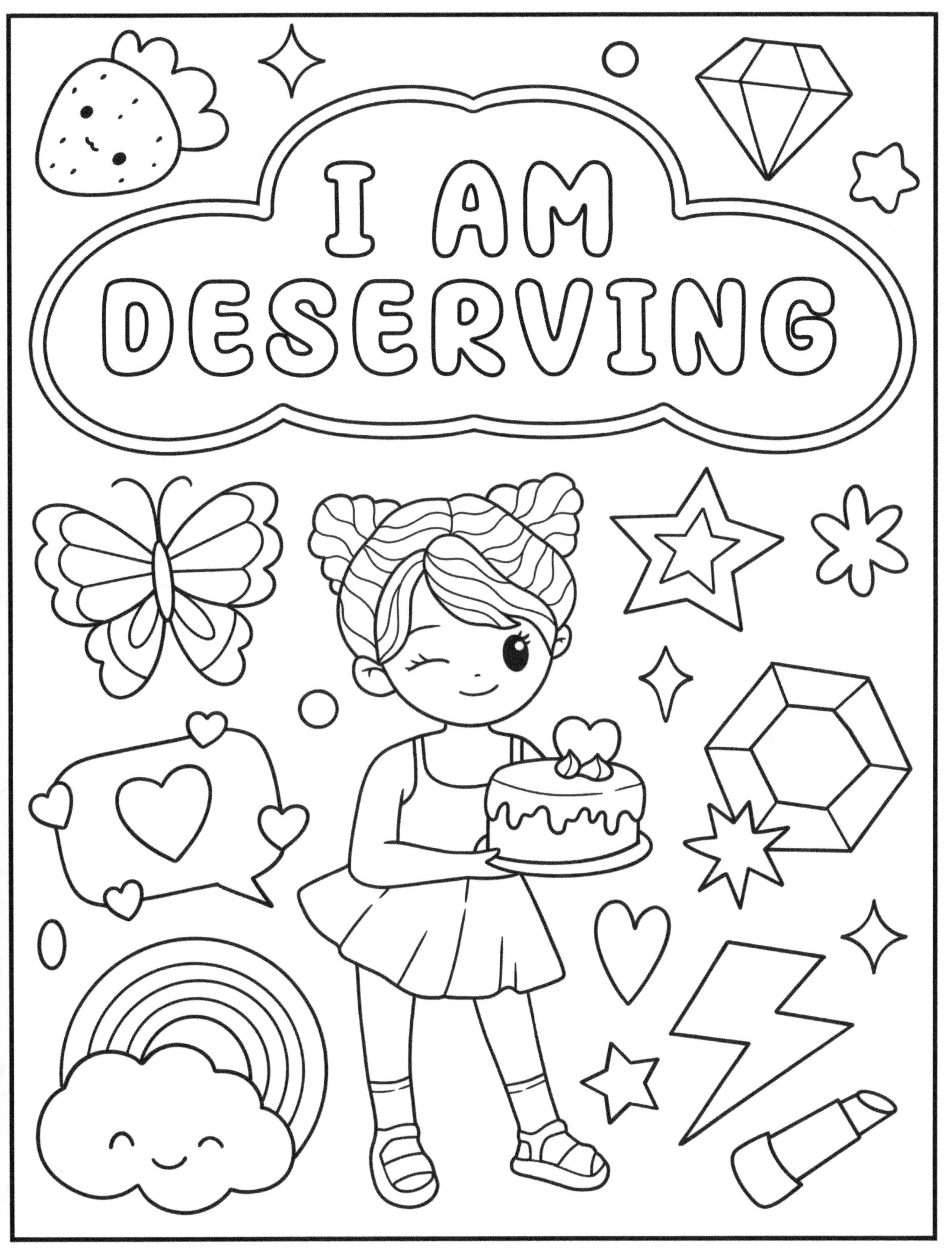
I AM
DESERVING

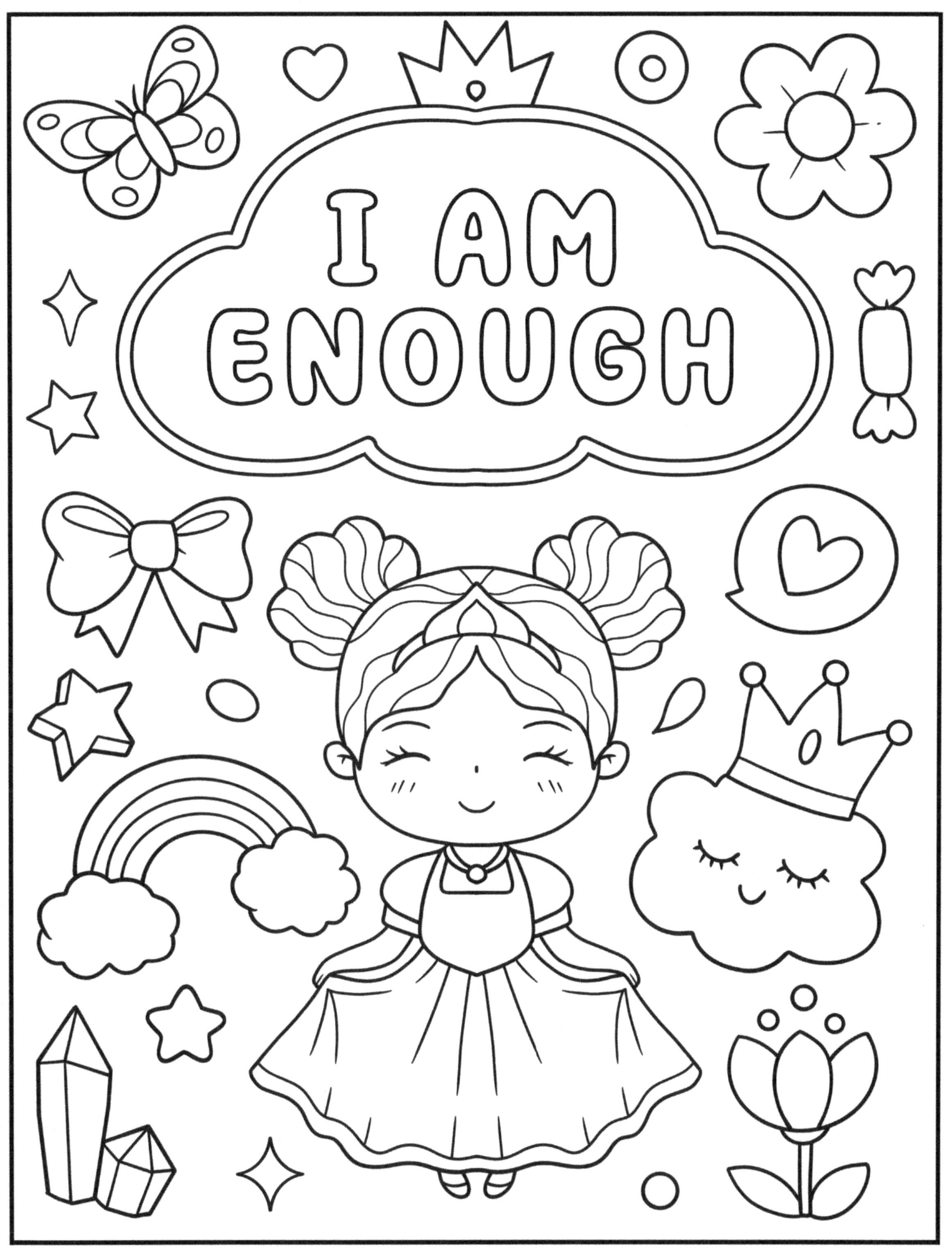
I AM
ENOUGH

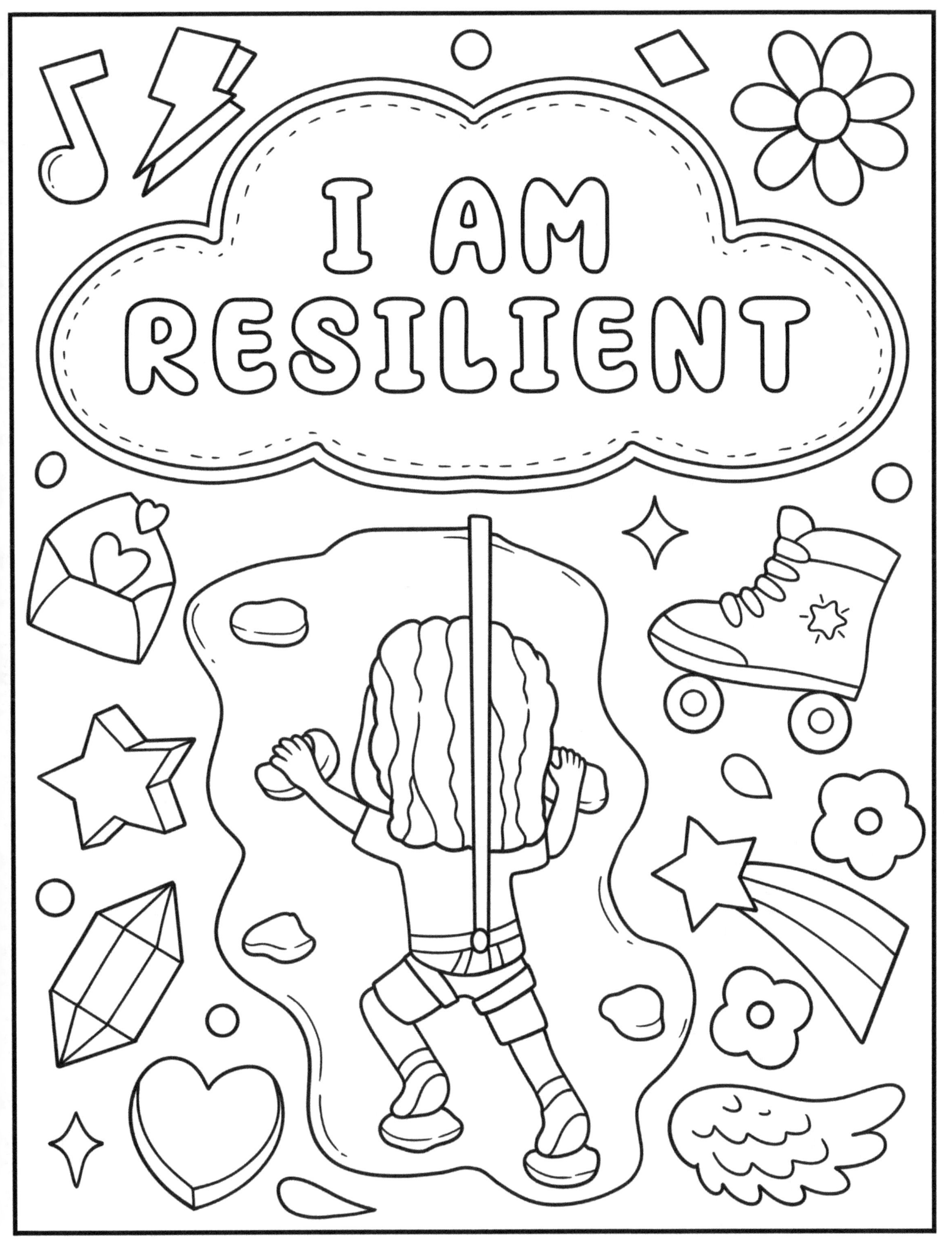
I AM
RESILIENT

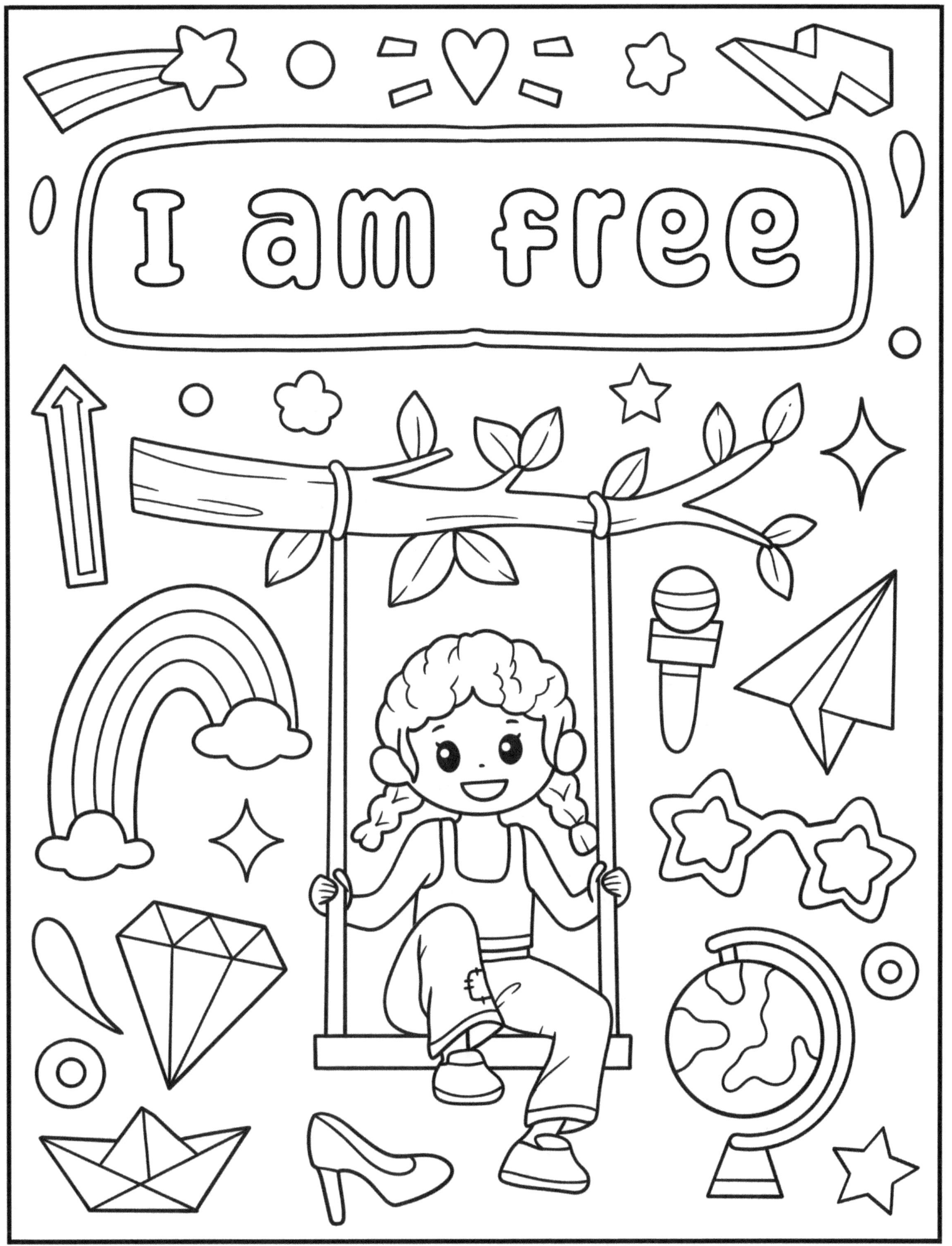
I am free

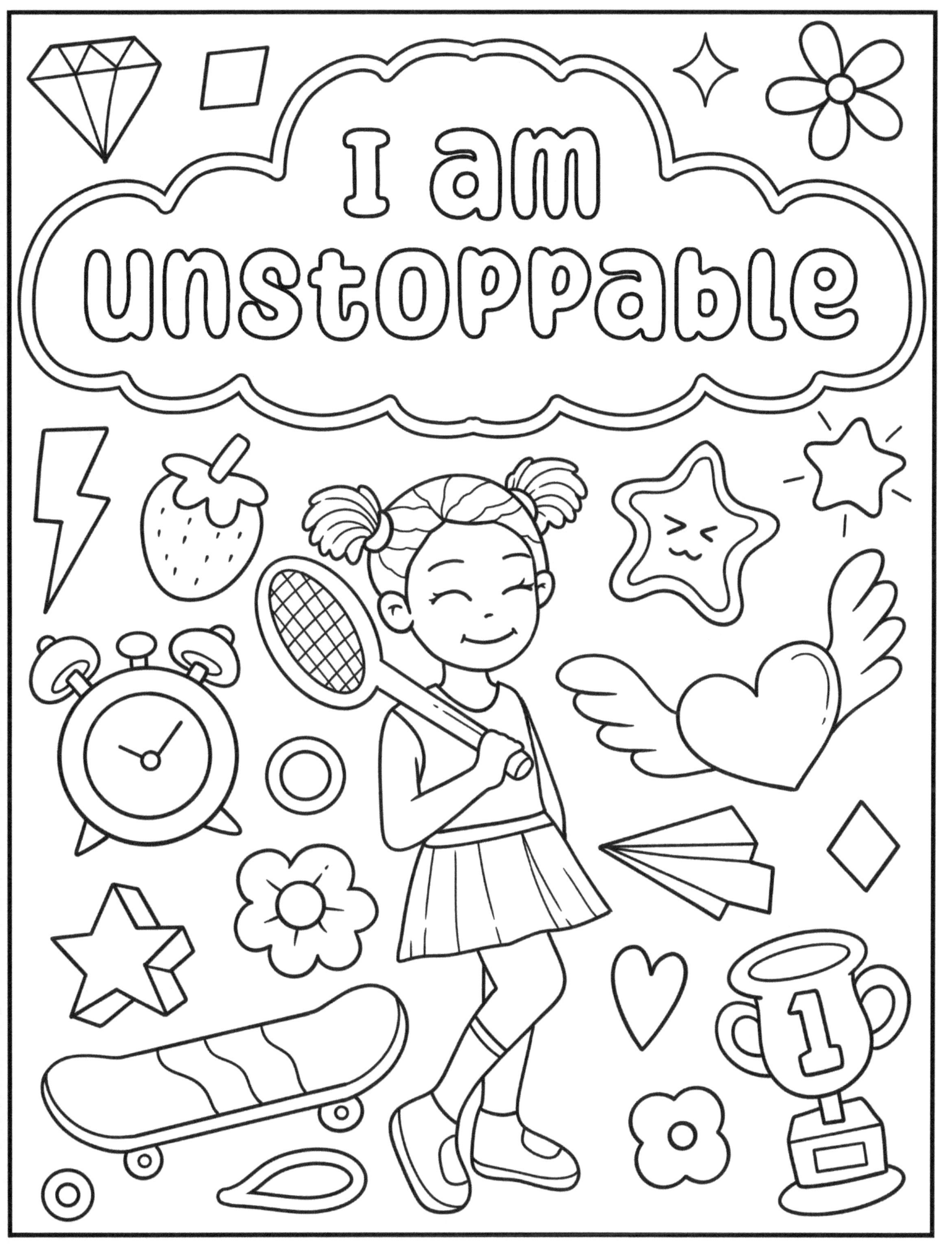
I am
unstoppable

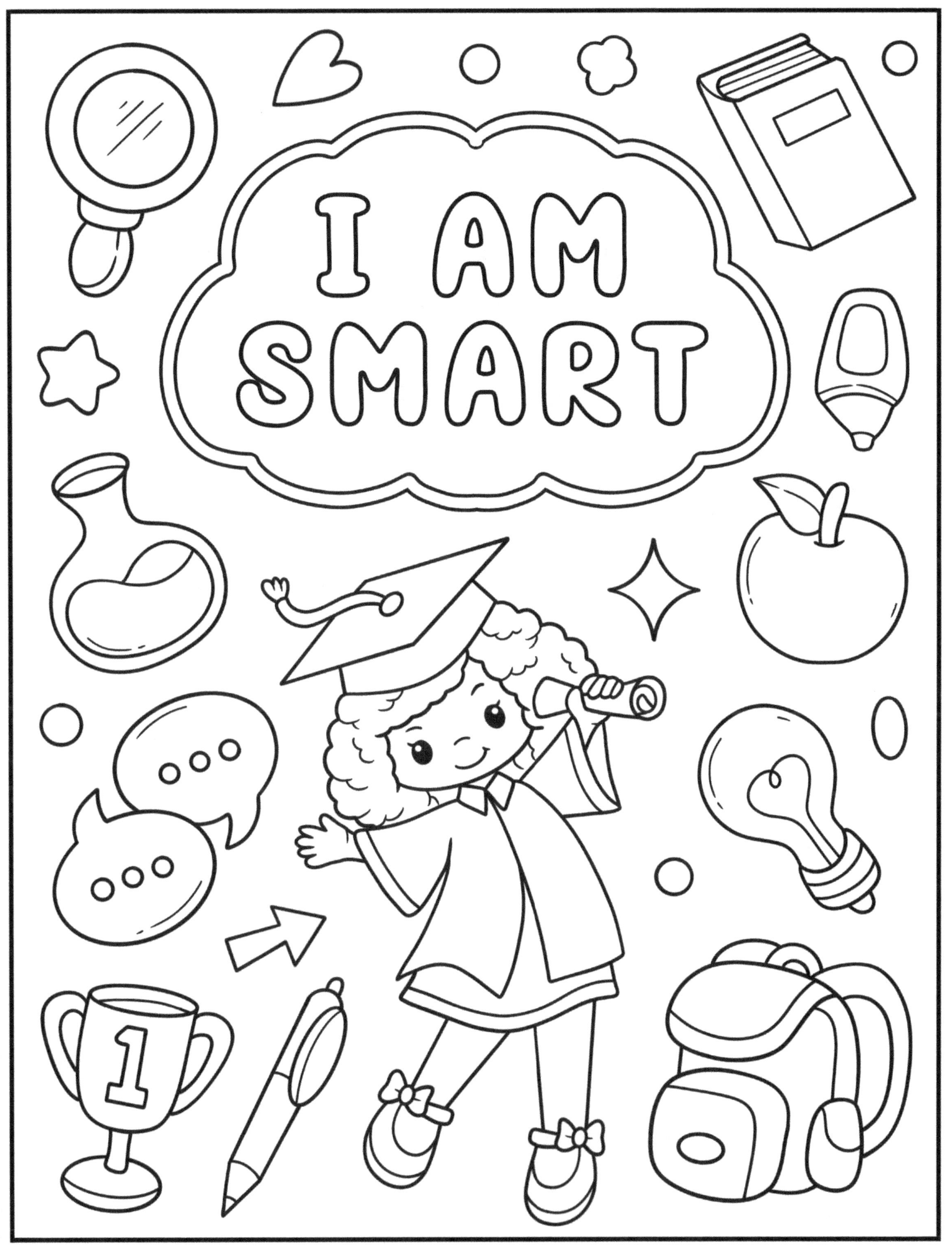
I AM
SMART
1

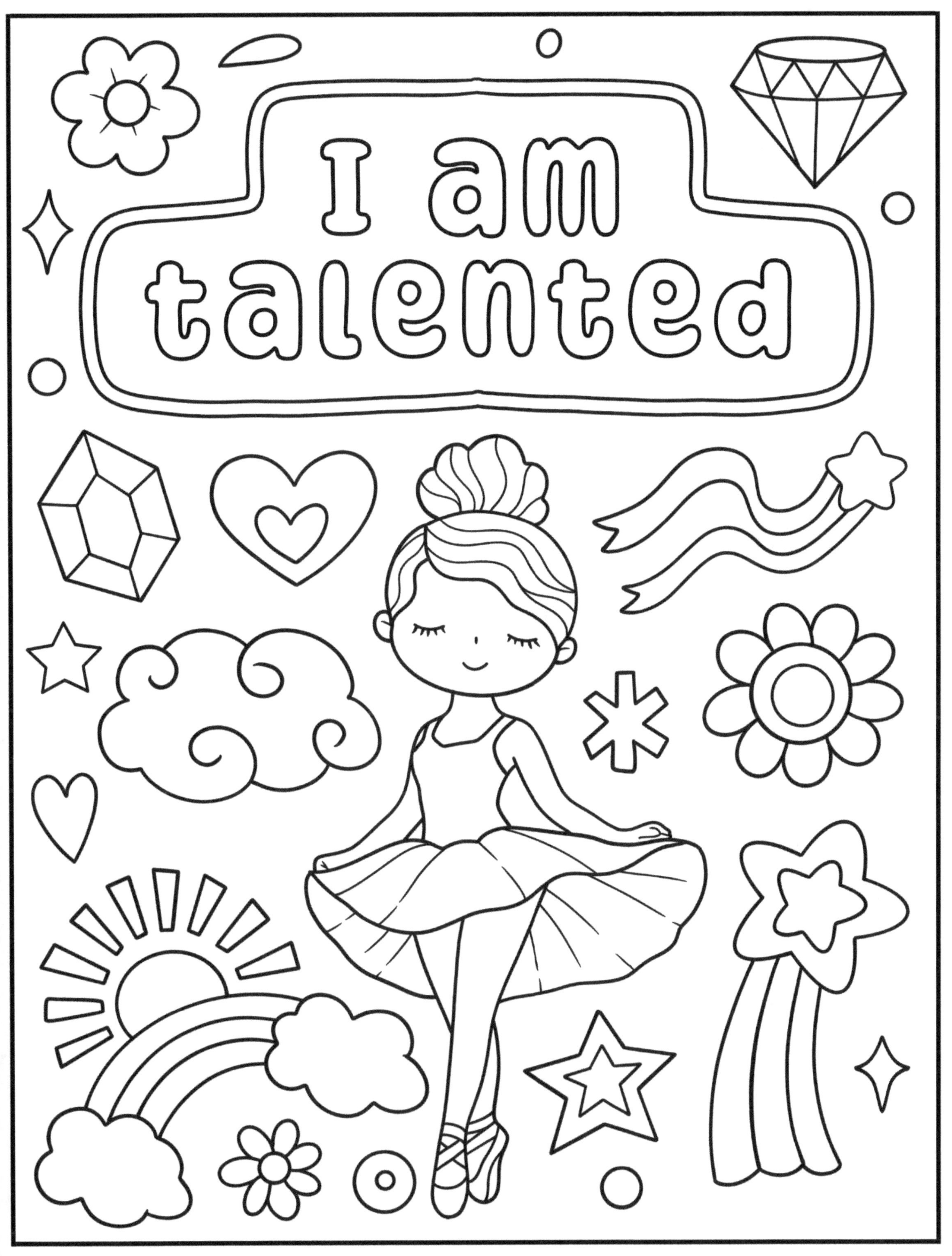
I am talented

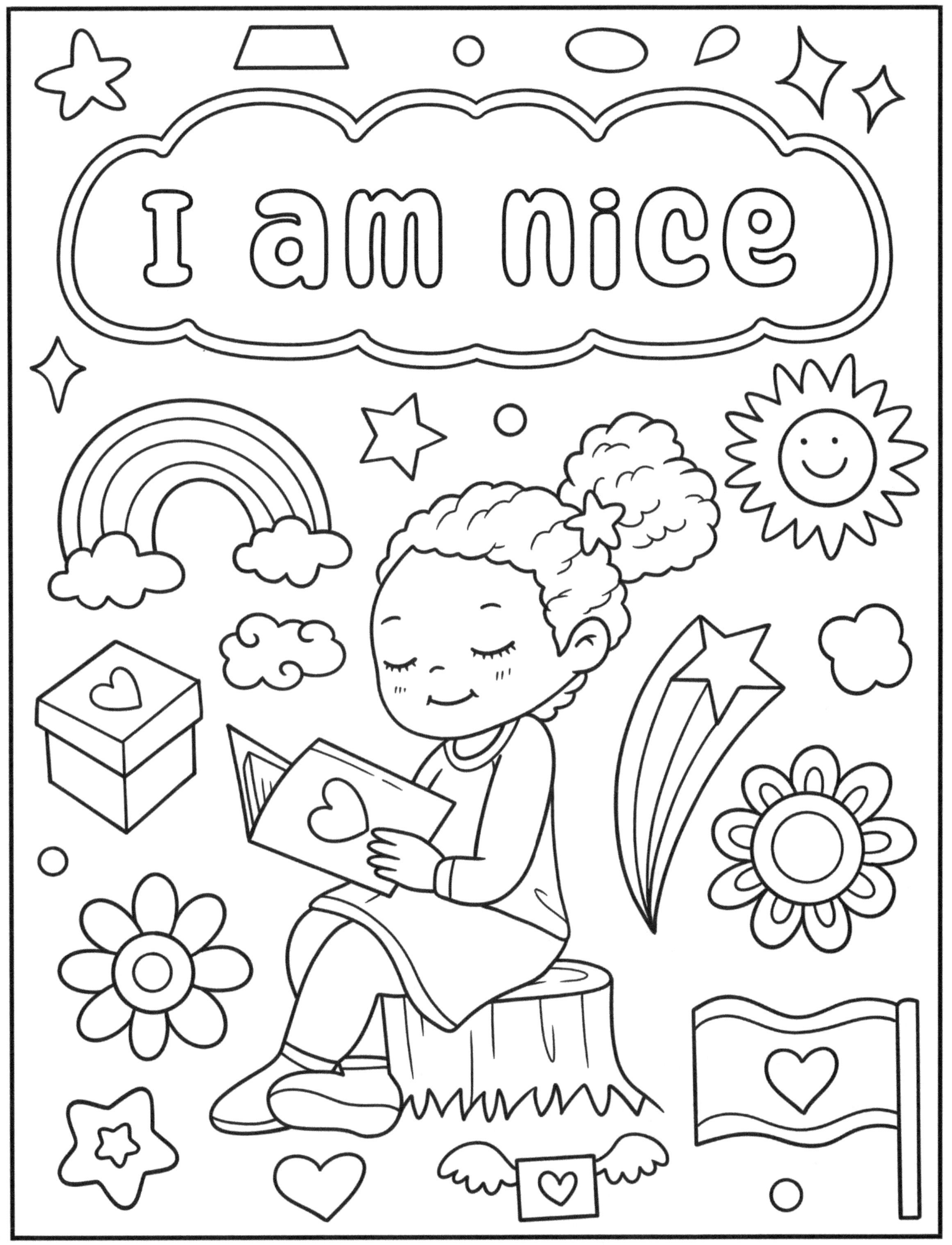
I am nice

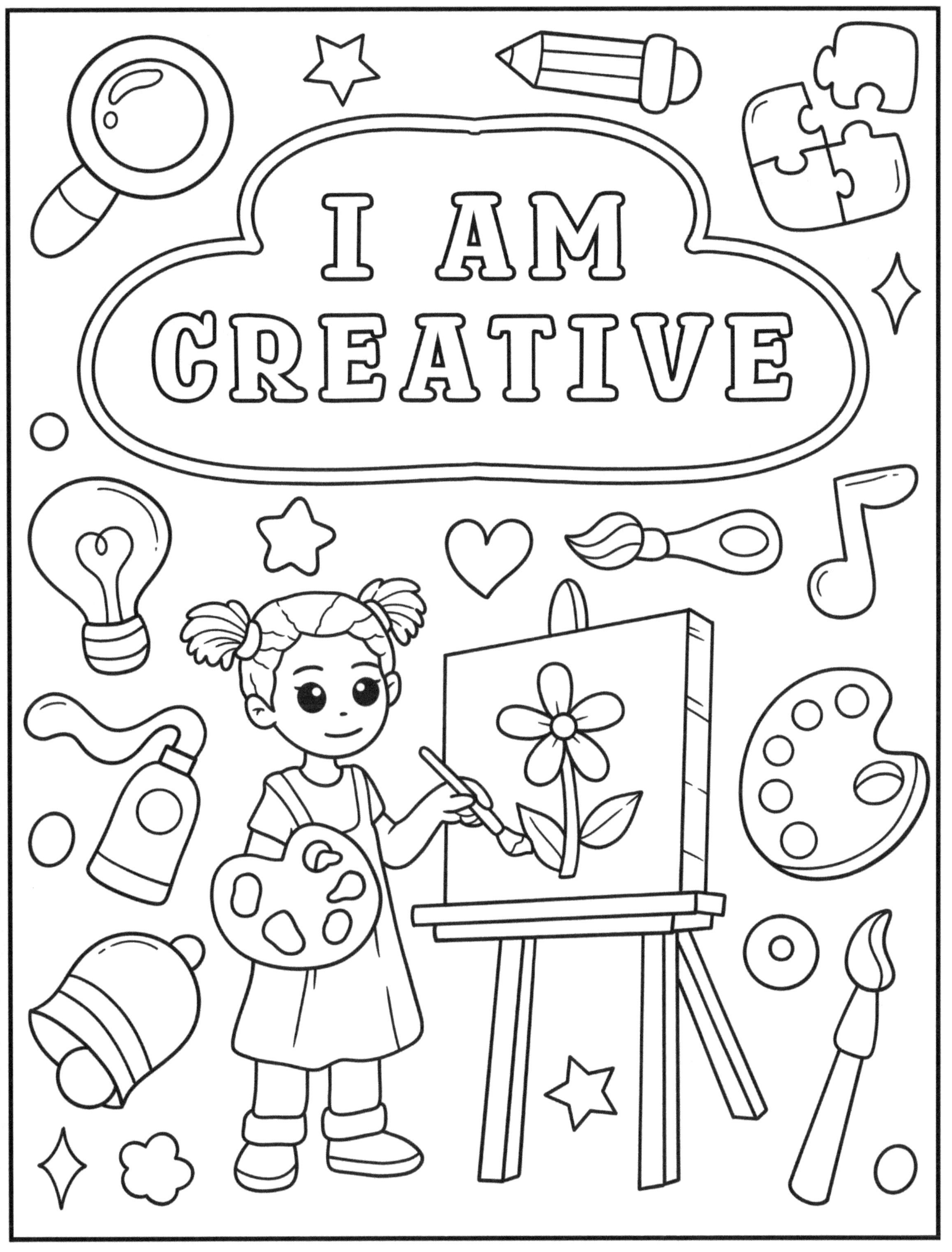
I AM
CREATIVE

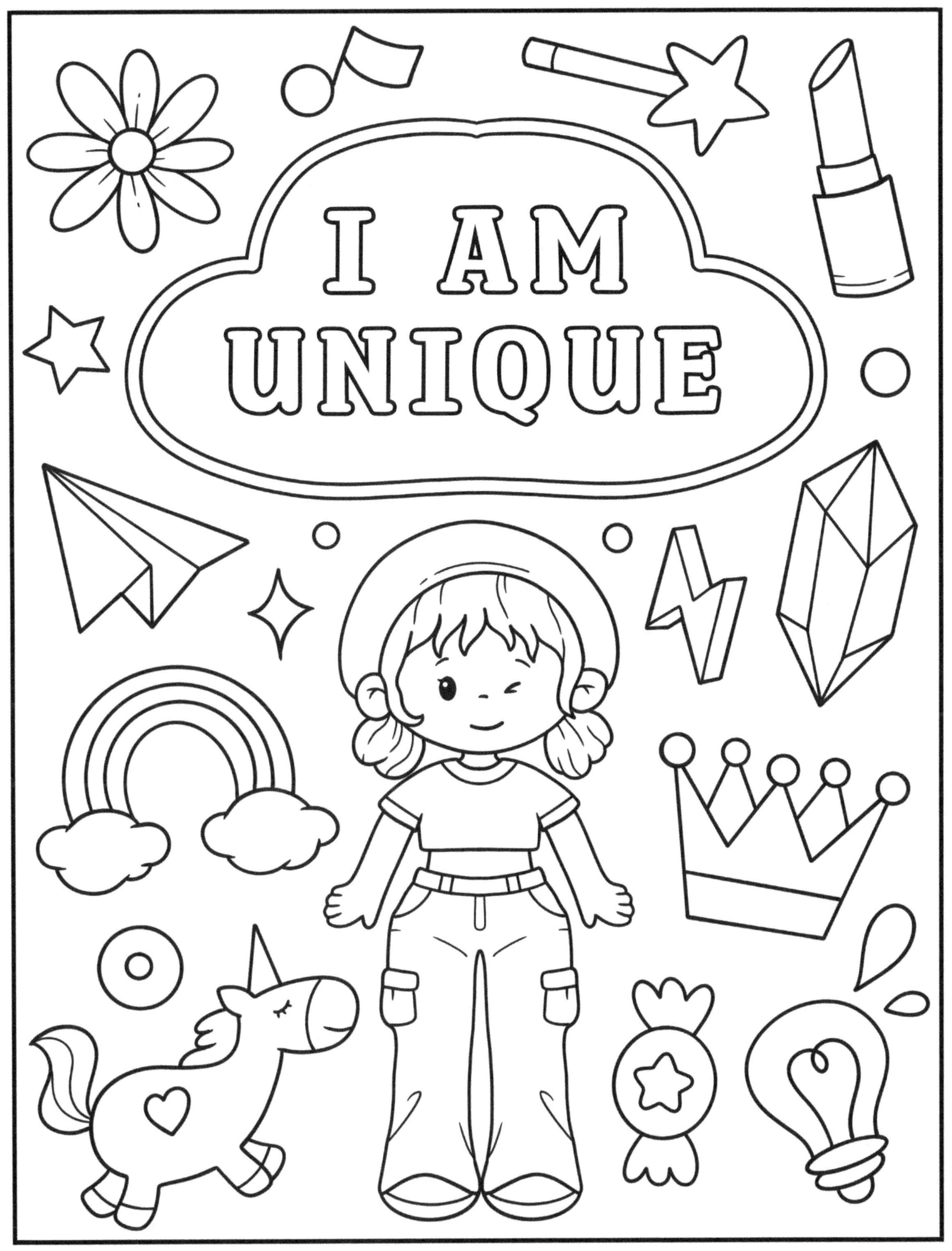
I AM
UNIQUE

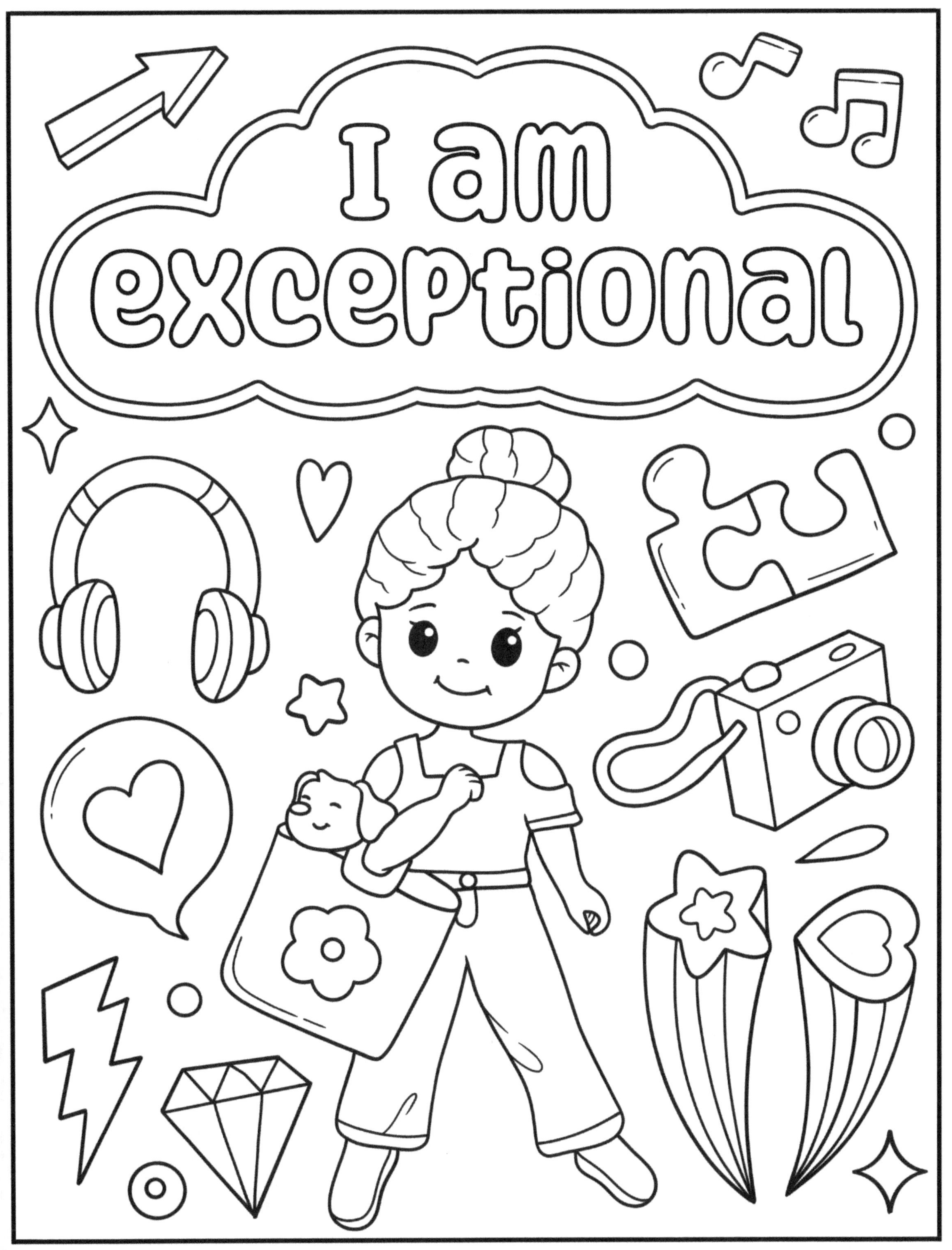
I am exceptional

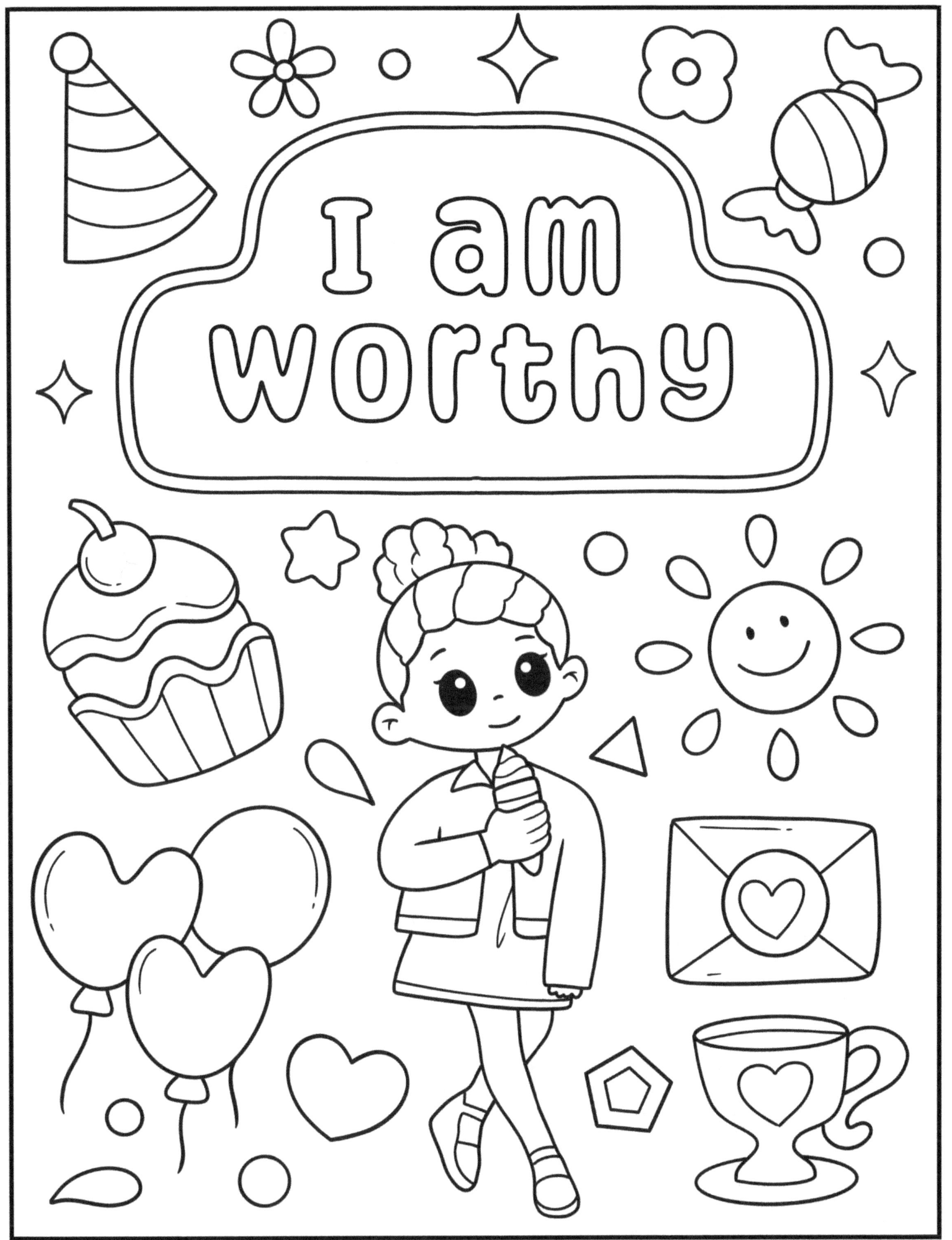
I am
worthy

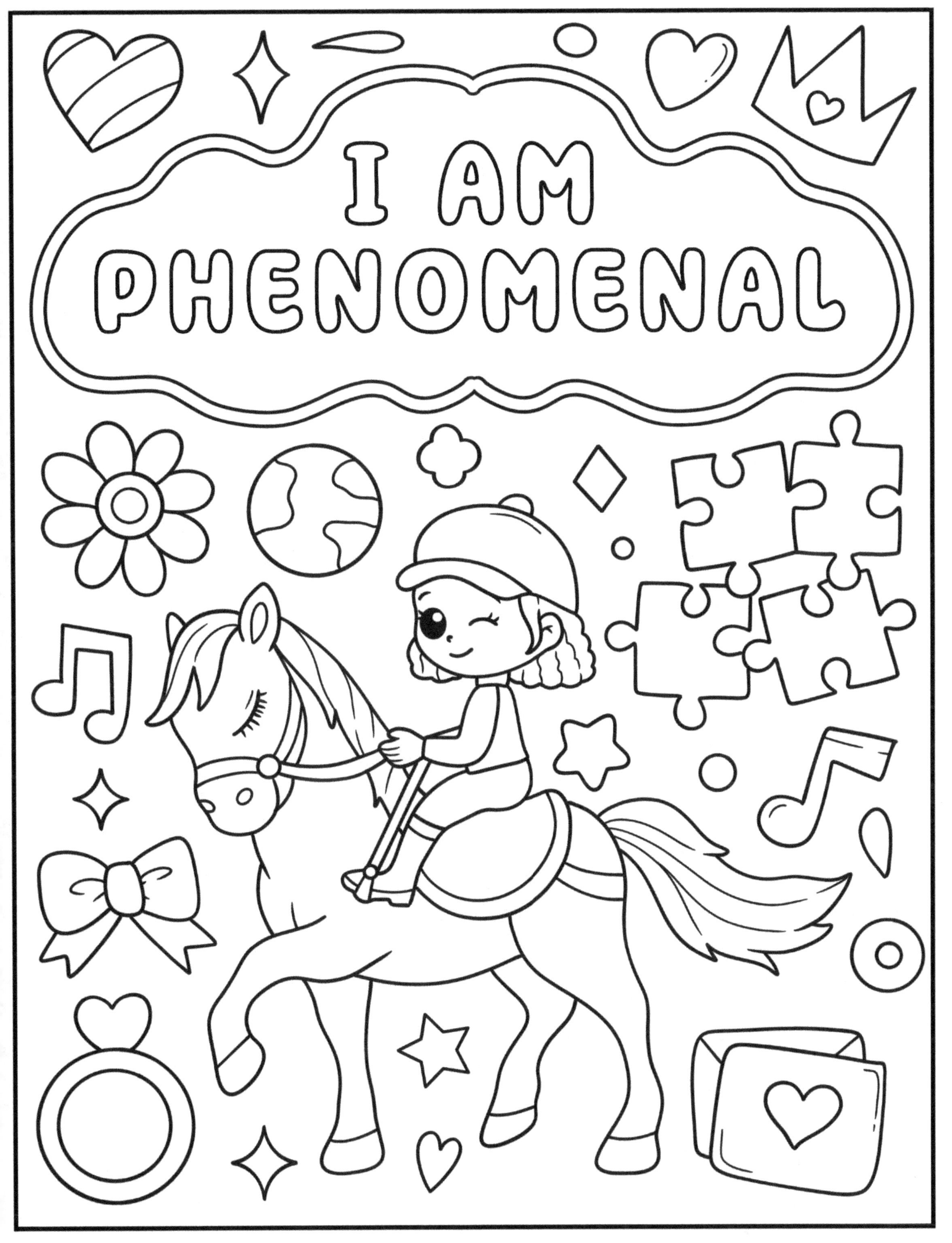
I AM
PHENOMENAL

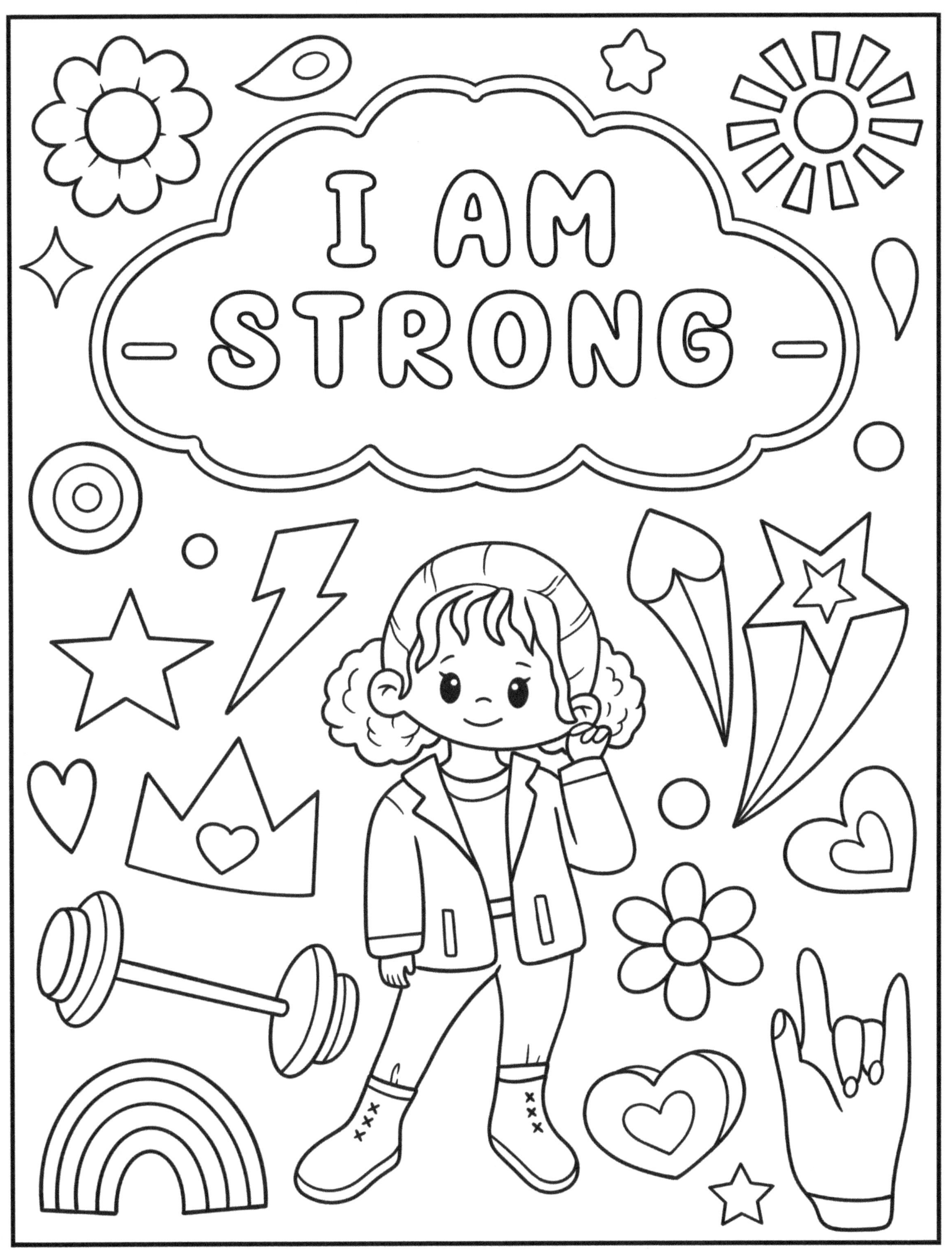
I AM
STRONG

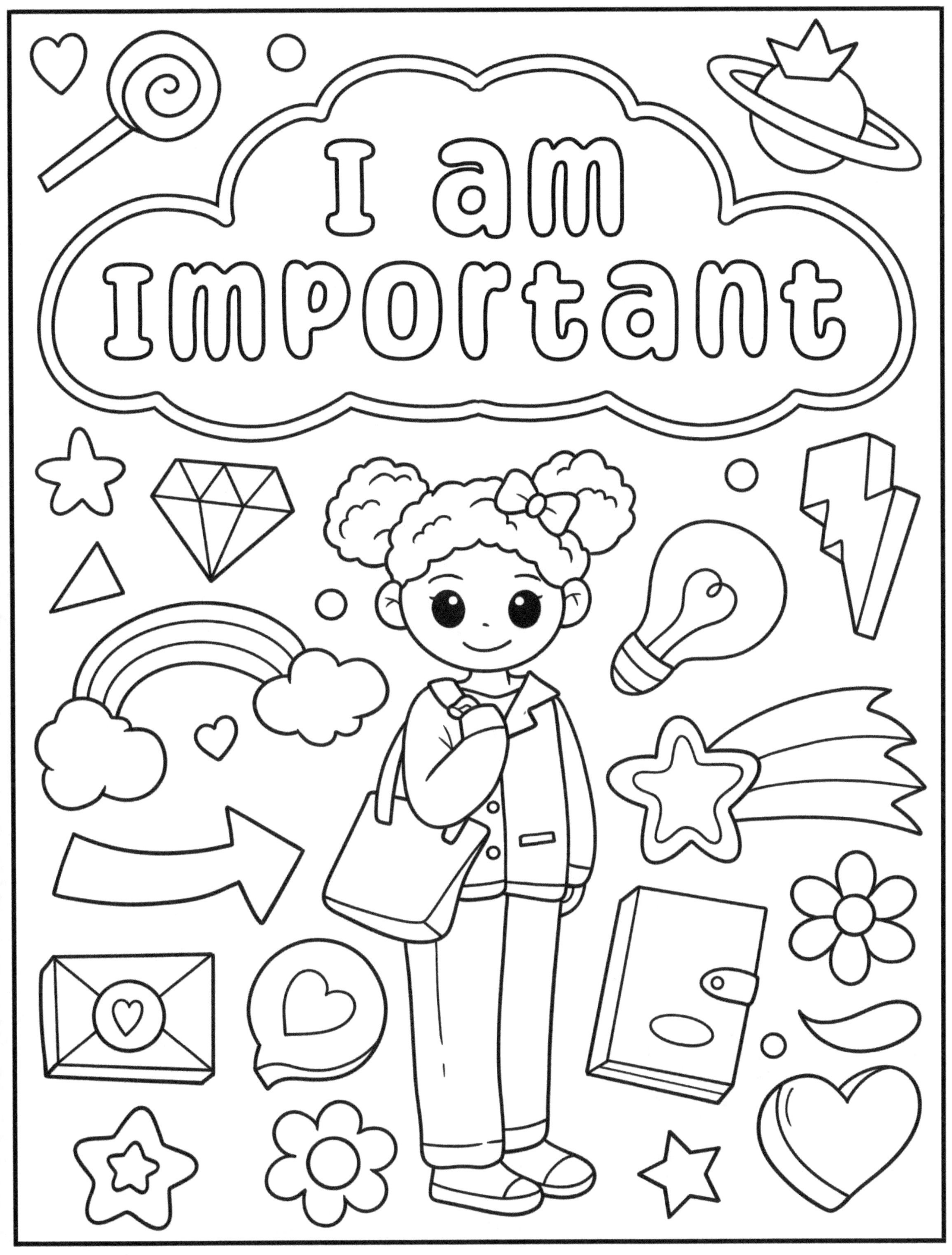
I am
Important

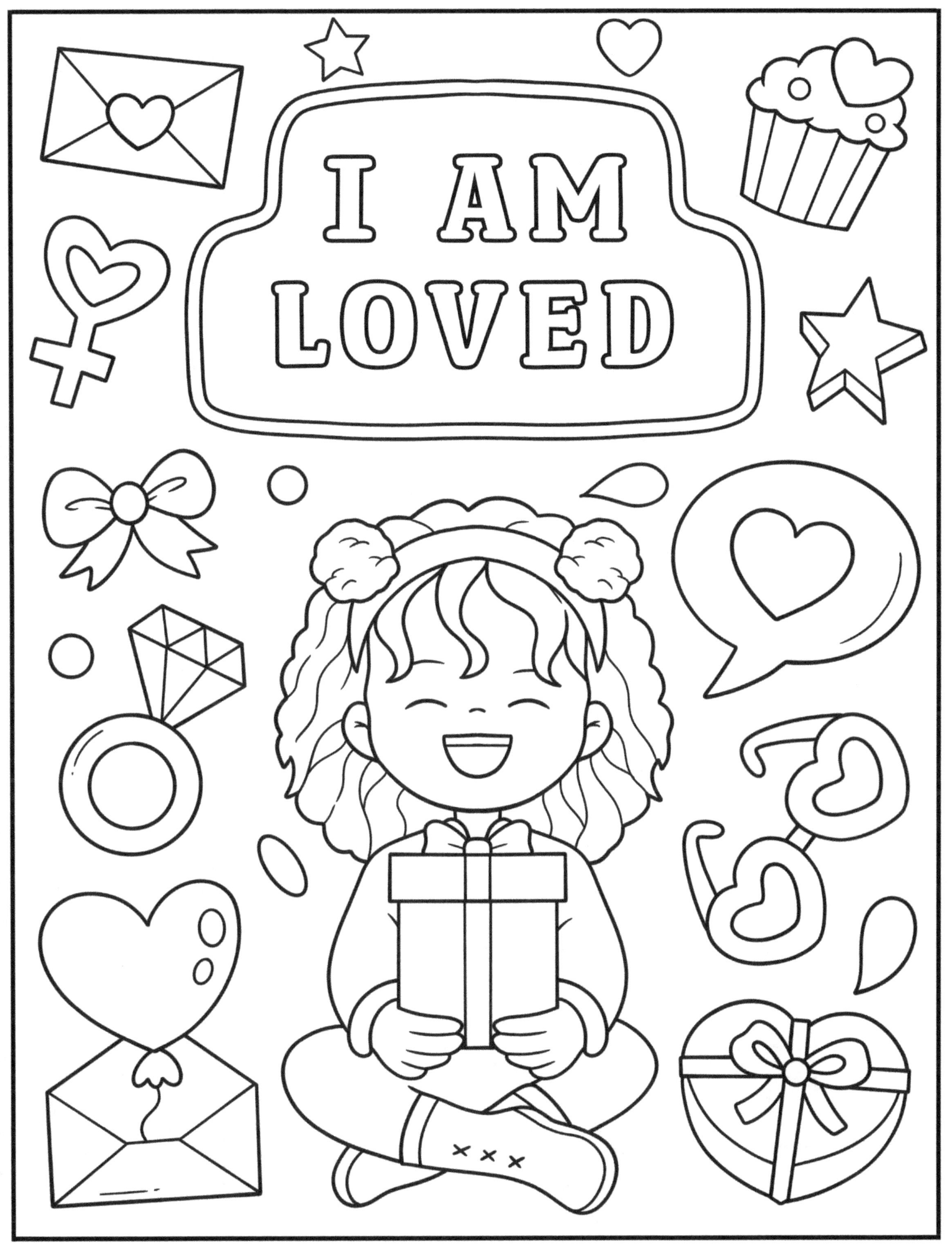
I AM
LOVED
x x x

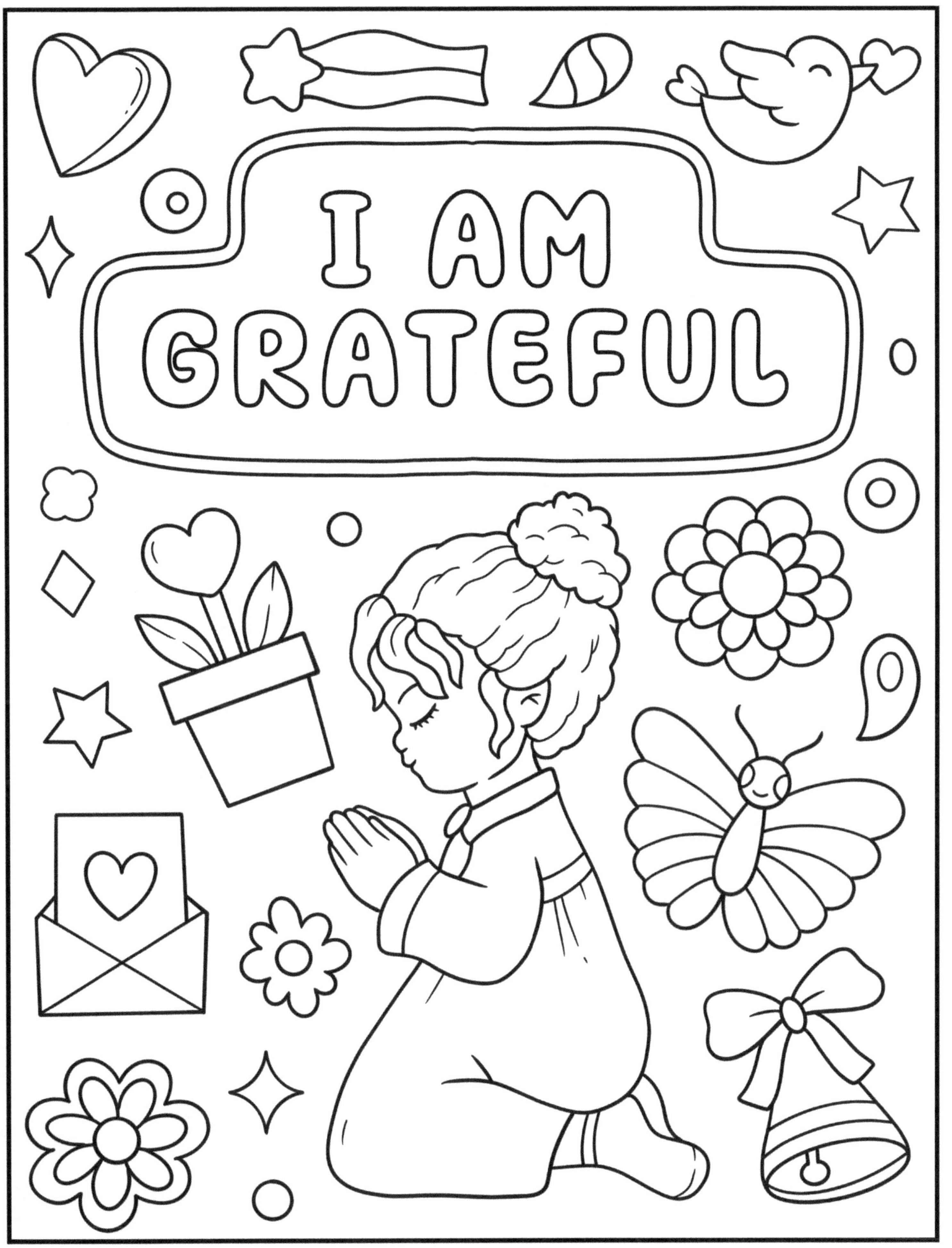
I AM
GRATEFUL

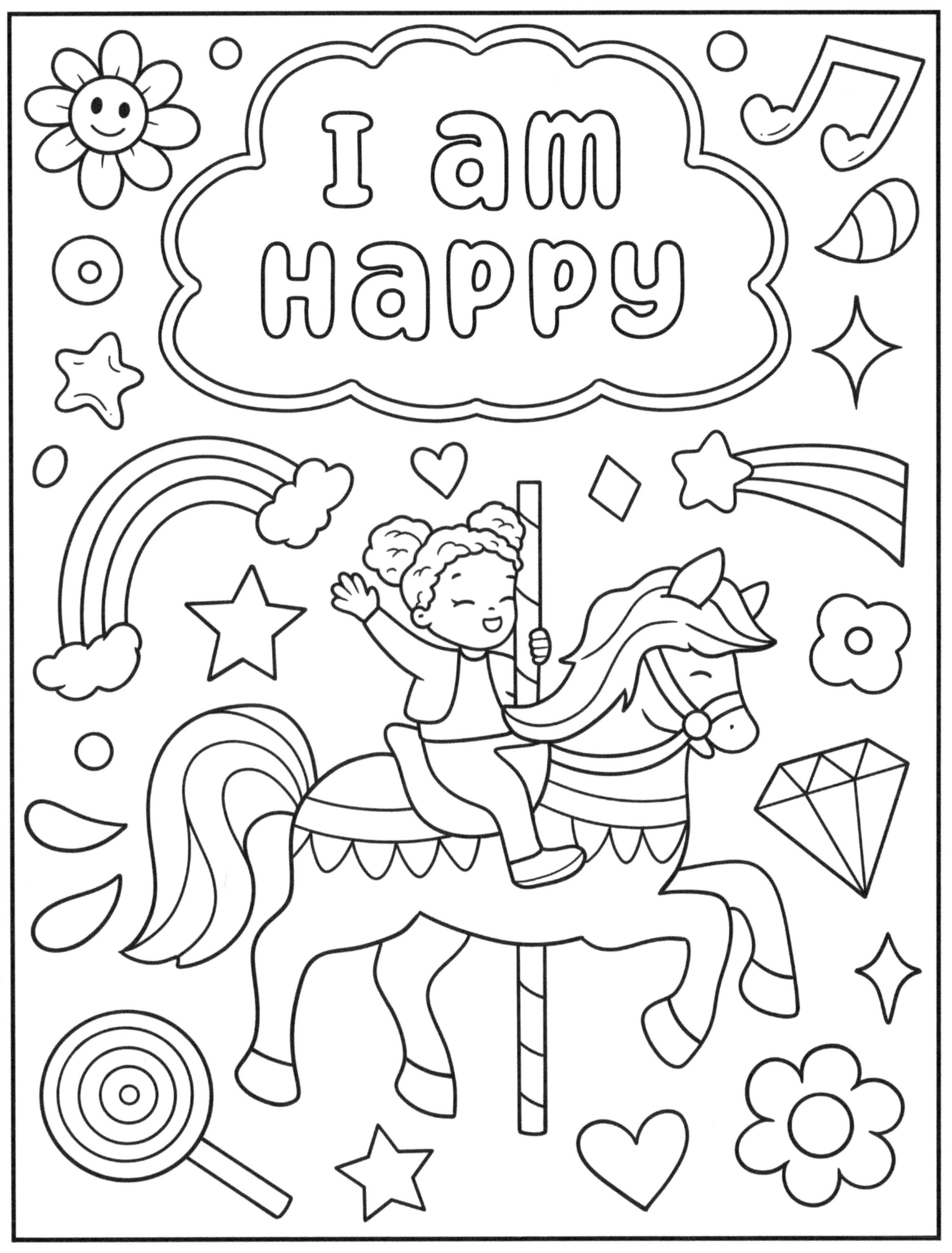
I am
HAPPY

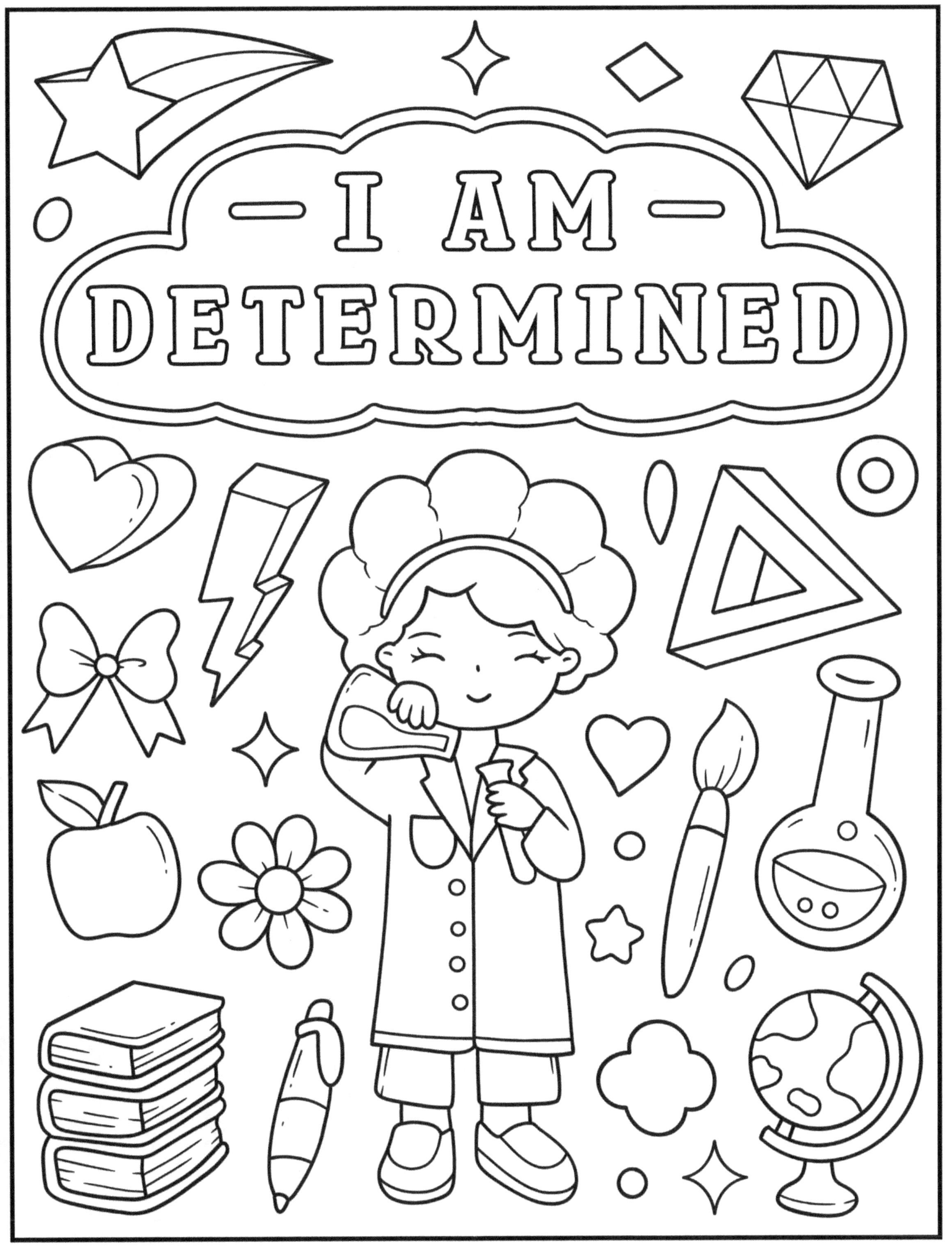
I AM
DETERMINED

www.ingramcontent.com/pod-product-compliance
Lightning Source LLC
LaVergne TN
LVHW061255100826
845148LV00008B/1130
9798888990353